2019 年江苏省文物科研课题"西街遗址出土遗物整理与研究"成果

江苏南京地域文明探源研究阶段成果

"王巍工作室"阶段成果

南京六朝长干里出土瓷器精萃

南京市考古研究院　编著

文物出版社

图书在版编目(CIP)数据

南京六朝长干里出土瓷器精萃 / 南京市考古研究院
编著. -- 北京 : 文物出版社, 2024.3
ISBN 978-7-5010-8269-8

Ⅰ.①南… Ⅱ.①南… Ⅲ.①瓷器(考古)—南京—魏
晋南北朝时代—图录 Ⅳ.①K876.32

中国国家版本馆CIP数据核字(2023)第225837号

南京六朝长干里出土瓷器精萃

编　　著：南京市考古研究院

封面设计：秦　彧
责任编辑：秦　彧
器物摄影：张　冰
责任印制：张　丽

出版发行：文物出版社
社　　址：北京市东城区东直门内北小街 2 号楼
邮　　编：100007
网　　址：http://www.wenwu.com
经　　销：新华书店
印　　刷：北京荣宝艺品印刷有限公司
开　　本：889mm×1194mm　1/16
印　　张：15.5
版　　次：2024 年 3 月第 1 版
印　　次：2024 年 3 月第 1 次印刷
书　　号：ISBN 978-7-5010-8269-8
定　　价：360.00 元

序一

马 涛
（南京市考古研究院）

古都遗址，历来是考古学研究的重点。古都南京，地下文物资源极其丰富，其中对六朝都城的探究更是南京城市考古工作的重心。六朝都城的科学考古工作始于21世纪初，至今已有二十余年。负责六朝都城考古的机构也由当初的南京市博物馆考古部升格为今天的南京市考古研究院，从事建康城考古的一线工作者也完成了新老更替。这二十余年，六朝都城的考古发现不断涌现，六朝都城的相关研究不断突破，六朝古都的城市画卷已初具面貌。我作为六朝都城考古的参与者和见证人，深知其中的艰辛和缺憾。一是南京是一座典型的"古今叠压"城市，历代城市兴建对前代遗存造成很大的破坏，尤其"陈亡，建康为墟"，如今考古发现劫后余生的遗迹更是要有运气成分的。二是尽管南京二十多年前已有地方法规来保障文物考古工作，六朝都城探寻工作才有机会在主城区内开展，但因早年城市建设高速发展的压力、相关法规的不完善和执行层面的不到位等实际问题，往往使文物部门处于被动和无计可施的状态。三是六朝都城考古起步较晚，发掘点碎片化、资料整理严重滞后、关键区域发掘条件不具备、成果消化周期较长，都是造成六朝都城研究缓慢的原因。

本书是对成果快速转化的一个要求，是一次大进步。

始料未及的是，我院近几年在资料整理、报告出版方面，因种种原因总是迟滞不前。为扭转研究成果较少的局面，2023年下半年我院树立了学术人才引领、加强学术研究、保障成果转化的发展方向。长干里遗址是深化和加强南京考古前置工作的试验田，为考古前置工作改革提供了经验和遵循。走在前、做表率，长干里遗址的整理研究工作即提上日程，这是对这个行业、对这座古城、对社会大众应有的交代，也是为南京现代化建设贡献考古力量。

本书是对遗址阶段成果的一个展现，是一次大突破。

西街遗址位于主城秦淮区中华门外，属南京市地下文物重点保护区——长干里古居民区及越城遗址区的核心，是关系到南京早期城市起源的关键遗址点，深受社会和学界普遍关注。我作为参与者，亲历了考古工作的种种艰辛。2017年4月考古团队进场后，现场时常面临渣土清运、条件简陋、人手短缺、无人配合等诸多问题，发掘团队顶着重重压力，克服种种困难开展考古工作，取得了丰硕成果。2023 年 3 月，该遗址被列为南京市地域文明探源工程的重点遗址之一，考古工作局面得以打开，工作环境得以提升，资料整理得以有序推进。鉴于该遗址发掘和研究的长期性，发掘者考量社会和学界的关注热点，将遗址出土的六朝瓷器及时公布出来，以飨读者。

本书是对发掘团队辛劳的一个交代，是一次大喜悦。

本书的主编，自毕业后就与我共事近二十年，具备一名优秀考古者的素质。他有着筚路蓝缕启山林的冲劲，他进入南京考古之际恰是南京考古快速发展期，作为当时的年轻人总是自觉率先承担大量考古工作，吃得了清苦、耐得住寂寞。他有着栉风沐雨砥砺行的韧性，面对复杂的考古工作，往往能及时打开工作局面，能有效解决工作困难，圆满完成工作任务。他有着腹有诗书气自华的风度，现在他不仅是我院一员业务骨干，还起到我院传帮带的作用，带领我院一些年轻学者开展该遗址的整理和研究工作。本书是长干里遗址系列研究成果的引子，发掘者今后继续出版长干里遗址系列研究成果后，定能感受到春华秋实满庭芳的喜悦。

希望这本书是我院地域文明探源研究成果的种子，今后能持续出版地域文明探源研究系列成果。希望本书能吸引学界的注意，继续关心南京考古工作。我相信，南京地域文明探源系列丛书的出版，将会对江苏、长江流域乃至全国的考古研究起到应有的作用。

2023 年 12 月

序二 探寻六朝瓷器的全生命过程

秦大树

（浙大城市学院考古系，北京大学考古文博学院）

南京是著名的六朝古都，是东晋、南朝时期五个王朝的都城所在，在两晋南北朝时期是南方地区的政治、经济、文化中心，在这个时期的历史演进中具有非常重要的地位。南京还是重要的古今沿用的城市，长期繁荣，地下遗物异常丰富，同时地面建筑复杂多样。长干里位于六朝古都的核心区，是重要的商业中心和贸易集散地。南京作为一个古今沿用的城市，又是当今非常发达的超大型城市，能够在这里开展规模化的考古工作实属难得的机遇，丰富的地下文化遗产一直令人期待。从 2017 年以来，南京市考古研究院在长干里的腹地持续开展规模化的城市考古工作，发掘揭露出了商周以来各个阶段的文化遗存，取得了重要成果。特别是在近年的发掘中发现了南朝御道和国门等重要遗迹，为建康城研究提供了重要依据，也是中古时期都城考古的重大发现。

长干里六朝时期地层堆积很厚，发现了道路、城门等城市建筑遗迹和以大量水井为代表的生活遗迹，再现了六朝长干里名动一时的繁华场景。这次考古发掘的重要收获还体现在数量庞大的出土遗物上，其中以瓷器出土量最大，质量上乘，在六朝时期同类型遗址中极为罕见。长干里遗址性质复杂，年代跨度大，完整的考古报告刊布还需时日，因此先行分段刊布六朝瓷器的图录。这个做法既可以较为充分地展示这一阶段的发掘资料，又可以让学界先行管窥六朝长干里资料，以满足学术日新月异发展的需求，可谓嘉惠学林。近日，本书主编嘱我阅览书稿并作序，不揣浅陋，为之序。

长干里遗址出土瓷器标本数以万计。本书选取了 220 余件具有代表性的器物，器形以常见的生活日用器为主，如碗、盏、盘、高足盘、罐、钵、杯、盘口壶、唾壶等，还有部分文房用品，如砚台、水盂等，此外还有擂钵、纺轮、帐座等，可谓囊括了多种生活类瓷器。部分器形如广口罐、龙柄壶、净瓶等在以往的墓葬或遗址发掘中均十分罕见。釉色以青釉为主，另有少量黑釉、酱釉器。这些瓷器产地多元，涵盖六朝时期长江流域各大著名窑口产品，如洪州窑、岳州窑、越窑等。器物装饰上，除南朝时期青瓷中常见的莲瓣纹装饰外，还有部分洪州窑、岳州窑青瓷采用了模印或细线刻划的技法装饰各种树枝和花朵纹，极为精美。有的产品质量极高，如遗址出土了大量满釉钵、盏等，堪称六朝瓷器中的精品。长干里在古代不仅是一个重要的商贸中心，还是佛教圣地。这些出土的瓷器，足以体现长干里这些功能的风貌。翻阅该书，仿佛置身一个六朝瓷器精品展。

本书的重要学术价值还在于出土遗物来源的丰富多样和阶段性特征，在学界以往的认知中，常常将浙东越窑认为是陶瓷发展史前期阶段长盛不衰、独领风骚的生产地域，近年来对古代窑址开展的陶瓷考古工作已经使我们认识到，越窑在经历了三国到西晋的发展高峰期以后，东晋南朝时期生产进入了一个平稳发展的时期，直到盛唐以后才再次进入发展的高峰时期。而在东晋、南朝时期直至唐代前期，位于长江中游的岳州窑和洪州窑先后成为南方地区制瓷业的产业中心，可谓是各领风骚数百年。而作为六朝都城南京出土的精美的岳州窑和洪州窑的器物，正是体现这种中心地位的重要证据。岳州窑马王墈遗址出土的带"太官"款碗已经表明了其贡御的特征，而长干里出土的大量岳州窑精品，更说明这一时期岳州窑集中供给都城，不仅官用，且广泛用于民间的目标市场。而此时期越窑产品发现的相对较少，也体现了越窑在此期并不十分重要的地位。至于岳州窑和洪州窑在六朝时期兴起和嬗代的时间，还是需要进一步的考古学研究，特别是长干里未来考古报告的考古学分期研究成果。

陶瓷考古经过了百年的发展历程，成熟、繁荣发展的阶段也有七八十年的时间，窑址的考古调查、发掘得到了广泛、充分地开展，同时，陶瓷考古的内涵和外延也在不断扩展，关注和探讨陶瓷器从生产、流通到使用、废弃的全生命史，在陶瓷考古工作中占据了日益重要的地位。陶瓷器产出以后的流布，其使用的目标市场和使用人群是长期以来人们关注的问题，一个窑场的产品出现在全国性中心的都城，还是地域性的府州城，体现了这一生产地点或曰窑口在某个王朝手工业生产配置中的地位。以往的城市考古工作中对手工业品的产地和运销的商业模式关注不足，丢失了许多重要的历史信息。本书作者受到过正规的陶瓷考古训练，在开展城市考古工作中敏锐地关注到了陶瓷的产地、器物种类、工艺技术等问题，这将大大的惠及陶瓷考古的研究，也使城市考古更加丰满。我们以手加额，非常庆幸长干里的发掘工作能够充分地关注到各类不同的出土遗物。

本书不仅揭示了出土的六朝时期瓷器资料，还附有两篇研究文章，分别详细介绍了六朝长干里的历史背景，以及出土瓷器，特别是岳州窑瓷器的特点价值。这也体现了作者有意将城市考古和陶瓷考古相结合的探索。收录的瓷器均有明确的出土信息，排列展现了地层学和类型学的研究成果。每件瓷器均配有多张各角度照片，尽可能全面展示瓷器胎釉、装饰、装烧方法等各类信息。在整理研究的基础上，编者为大部分器物标注了窑口。所以，本书具有较高的资料价值，展示了相关的研究成果。

六朝是成熟瓷器产生以后瓷器发展史上的第一个辉煌时期。青瓷的成功创烧，改变了古代人类的生活方式。同时期墓葬中开始普遍随葬瓷器，遗址中也出土大量瓷器标本。目前学界有关六朝瓷器的研究性著作或图录并不多，窑址目前仅丰城洪州窑刊布了发掘报告，大量的六朝瓷器资料散见于各类墓葬或遗址简报中。南京作为六朝古都，历年来的考古工作中出土了大量六朝瓷器。从20世纪50年代起，南京的考古工作者便注意到了青瓷这类精美的遗物。1957年，江苏省文物管理委员会出版了《南京出土六朝青瓷》一书，首次对发掘出土及征集到的瓷器进行了介绍。1980年，南京博物院又编著了《江苏六朝青瓷》一书，囊括了截止20世纪80年代发掘出土的六朝青瓷精品。以上图录均以墓葬出土遗物为主，遗址出土瓷器情况涉及较少。本书首次专门刊布遗址出土瓷器，类型丰富，产地多源，对于认识六朝瓷器的面貌和制瓷业生产格局均具有重要的学术价值。未来在按地层对不同窑口的数量进行统计以后，将对了解越窑、岳州窑、洪州窑三个早期青瓷生产中心兴衰嬗代的研究发挥重要的作用。

近年来，南京市考古研究院在繁重的基本建设考古工作之中，克服困难开展整理研究工作。出版的《南京考古资料汇编》《南京文物考古新发现》（三、四）等书刊布了一些最新考古资料和研究成果，成为六朝史和六朝考古学者的案头必备。六朝考古是南京考古的一张名片，南京是六朝研究的中心。南京市考古研究院的同仁们高度重视建康城的考古学研究工作，正积极推进相关资料的整理刊布，相信有关系列成果指日可待。本书是建康城考古中单个遗址的第一本资料，具有开创性作用和良好示范意义。

2024年3月2日于杭州

目 录

南京六朝长干里出土瓷器精萃

前　言

　　《景定建康志》载南宋建康府城南长干桥下有东口市和西口市，其中西口市位于西街口。可见西街这条道路也有 800 年左右的历史了。西街一直是城南居民区的主要道路，历代叠压，除了宽度和路面铺设方式有所变化，宋代以来的走向完全没有改变。西街跨南涧（又称跃马涧，现南玉带河）来宾桥，通往报恩寺（宋天禧寺）。古代立市场于寺庙左近是一种传统。今天将大报恩寺对面，明外壕以南、应天大街以北这块区域统称为西街。西街地块位于南京市划定的地下文物重点保护区——长干里古居民区及越城遗址区的腹地。2017 年年初，西街地块完成拆迁，南京市考古研究院对其开展了全面考古工作。西街地块是深化南京考古前置的试验田，开启了南京考古前置改革的序幕，也为城市更新项目的考古工作摸索了经验。

　　西街地块保存有南京历代遗存，遂命名为西街遗址。不过西街遗址只是广大长干里古居民区的一部分，西街地块发现的部分遗迹已延伸分布地块之外了。西街地下堆积复杂，层层叠压，是南京历史沿革的无字书。西街遗址内涵丰富，是南京城市兴衰荣辱的见证地（关于长干和长干里的历史背景，参看本书《六朝长干里》一文）。

　　西街的六朝遗存最为丰富。这里是长干里的核心地区，是建康城的南部门户。地块内全域分布着东晋和南朝地层，发现有南朝御道和国门遗址、六朝越城遗址、东晋窑址以及大量灰坑、水井等数以百计的遗迹，出土各类遗物万余件。尤以六朝青瓷数量最大，是窑址以外规模最大、器形最全、品质最高的一次考古发现，具有重要的研究价值（关于这批青瓷的特点和价值，参看本书《青瓷荟萃 长干遗珍——六朝长干里出土瓷器》一文）。

　　西街项目申报了江苏省 2019 年度文物科研课题"西街遗址出土遗物整理与研究"，由此开始了西街出土遗物的系统整理。后来优化课题内容，重点整理出土遗物中的六朝青瓷部分。整理工作以类型学为基本方法，以调查研究为途径，以辨析窑口为目标。本书标本按照类型排列，每一类中尽量选择标准、典型器，兼顾少见器形，每一类中尽量选取不同窑口，方便对比。整理过程得到来自历史、考古、陶瓷学界众多专家的指导，得到许多宝贵意见。最终，整理团队经过查找资料，与多个窑口资料作对比，将大部分标本都定了窑口。不过对比的窑口主要是湖南湘阴、江西丰城、浙江绍兴、德清长江中下游几大窑业区。那些面貌不够清晰、缺乏资料的，尚无法准确对应。还有一些器物在两个或两个以上窑口都有发现，暂无法确定窑口。所以本书在对上述器物介绍时，本着宁缺毋滥的原则，不再强求划定窑口。

西街遗址已发掘多年，发掘收获影响很大，学界对遗址发掘报告充满了期待。本书是我们资料整理的阶段性成果，是六朝长干里瓷器资料的精华，是一部资料图书，也是西街遗址发掘报告的重要组成部分。

希望本书的出版成为西街遗址成果公布的良好开篇。请关心西街遗址的人们先睹为快。

六朝长干里

陈大海

六朝长干里因位于长干而得名，长干是南京主城区较早开发最早得名的一个地理空间。早在湖熟文化时期，长干是淮水下游的高亢平地，适合生活，又滨江控淮，控扼交通咽喉，在商周更迭之际产生早期的城。六朝长干里继承了长干古城的发展基础，是都城建康的南门户。长干里是建康城最为著名的生活区，交通便利，市肆繁荣。长干里先后建立诸如长干寺、瓦官寺等著名寺庙，是都城一处重要佛教中心。长干里位于都城南部要冲，在南朝梁时，通御道，创建国门，在形式上达到都城南门礼制的高峰。六朝持续三百余年，期间都城发生数次内乱，长干里也屡遭兵燹。六朝灭亡，金陵成为唐代文人争相游历地，长干里也随着唐人诗作声名远播。南唐纳淮水入金陵城，长干里区域始被割裂，从此只留下长干里的记忆，再也不复六朝荣光。长干里无疑是南京城市变迁的见证地，也是南京历史文化的重要载体，长干里成为深植南京大地的根。

自孙权建都南京，历吴、东晋、宋、齐、梁、陈共六个朝代，因统治核心区域一致，文化制度传承有序，特别是都城的稳定，故史称六朝（或六代）。六朝之名，在隋灭陈后即用以代指上述朝代。唐人许嵩所著《建康实录》则是专门记载六朝历史的书，标志着在史学上正式提出了六朝的概念。六朝在时代上跨公元 3 世纪初至 6 世纪末，长达三个半世纪。六朝还有地域概念，广义指实际统治区域即中国的南方，狭义指政治文化中心即都城建康。

作为六朝古都的南京，自然继承了数量最多的六朝文化遗产，如六朝都城、六朝陵墓、六朝文化等。六朝都城建康的部分地名也流传甚之使用至今，如台城、乌衣巷、越城、长干里、石子冈等，其中长干里更是声名远播。长干里是丹阳郡秣陵县下辖之一里，是户籍管理的一级组织，因位于长干一带而得名。长干里本不是个区域概念，但因位于古长干核心地区，逐渐成为古长干区域的代称。

六朝覆亡，隋对江南特别是建康城的礼制建筑和军事设施实施了平荡耕垦[1]，六朝繁华泯灭。唯有一些生活区得以保持稳定，长干里自古民庶杂居，是南京最早形成大规模聚落和产生最早城市的区域，本地人的生活并未受到严重扰乱。唐代许多著名诗人游历江南，都要

---

[1] （唐）魏征等撰：《隋书》卷三十一《地理志》"丹阳郡"，中华书局，1973 年，第 876 页。

来六朝故都的金陵怀古抒情，逐渐形成金陵怀古文学题材。最著名的诗作如崔颢《长干曲》、李白《长干行》，皆直以长干命名，其他诗作或涉及长干地区的著名地点，如李白《登金陵凤凰台》、刘禹锡《金陵五题·乌衣巷》。可见，长干里在这些文学作品里占有重要的席位。经过有唐一代的文学传播和影响，此后历史上关于金陵怀古的诗作更是屡有推新。长干里作为著名的生活区，与作为六朝葬地的石子冈在地理上无缝衔接，在文学上也是绝佳的对文。可以说，六朝灭亡而长干里水陆格局完好存在，六朝风流人物消逝而长干里居民生生不息。长干里所代表的六朝，本不是政治权利的象征，而是秀美的江南山水，是六朝都城独特的世俗文化，是六朝文化遗产的孑遗。长干里名声之所以响亮，不仅在于文献记载和文学影响，还在于南京对它的认同，因为长干是南京城市的根，是最早的自然地名，口耳相传至今。

一　长干概述

钟山龙蟠，石城虎踞，南京有着优越的山形。北枕大江，内拥秦淮，南京具有优越的水势。南京的母亲河为秦淮河，六朝称淮水，唐代方称之秦淮，淮水入江处即南京主城区。今天城内的平地大多为古淮水沉积形成，古淮水在南京主城形成庞大的水域，分别形成北线南京长江大桥和西线水西门两处入江，后来水面下降，北线因城中岗阜阻断，遗留下玄武湖和金川河；西线为淮水入江通道，今内秦淮河为其孑遗。内秦淮河在赤石矶和花露岗的阻隔下，在入江前形成明显的"V"字形弯道。今天看到的明城墙外壕和虎踞路西侧的外秦淮河都是南唐及以后因为城市建设和主城与江心诸洲间夹江缩小后的格局。

距今 5000 年前，在鼓楼岗北阴阳营形成一个聚落，属于南京地区的新石器时代文化。该遗址由南京博物院于 20 世纪 50 年代发掘，出现发达的玉器文化。遗址上层为湖熟文化，属于南京地区的青铜时代文化。经考古调查的湖熟文化遗址遍布古秦淮河流域，这些遗址多分布在秦淮河水系的支流旁边，利用低矮岗地作为居住区，开始开发周边高亢平地。部分湖熟文化的堆积下面还有新石器时代的堆积。湖熟文化时期对南京的开发几乎遍布所有河谷盆地，在南京大地上滋生大量聚落和人口。

越灭吴后，筑城于长干[1]。越城被认为是南京主城区城市的起源，长干是南京最早见诸记载的地名。对长干通行的解释是山间平地，于理可通。但长干更有可能是上古语音的转写，具体含义不明。根据六朝及以后的文献描述，可知长干位于古淮水以南，雨花台岗地以北，是山环水抱的一个自然地理单元。这个区域滨江控淮，相对淮水下游地势高亢，其间有淮水支流南涧和低矮岗地，是湖熟文化时期重点开发经营的地区之一。

长干区域约有 4 平方千米，其间因地势又形成三个核心区，即大长干、小长干和东长干[2]。每一个分区或以道路或以河流为交通中心，大长干以淮水支流南涧为中心，小长干沿

[1]　（唐）许嵩撰，张忱石点校：《建康实录》卷一《太祖》，中华书局，1986 年，第 1 页。

[2]　（唐）许嵩撰，张忱石点校：《建康实录》卷二《太祖》，中华书局，1986 年，第 44 页。

淮水和花露岗地分布西头尽长江，东长干沿淮水和赤石矶分布[1]。

越城即位于大长干腹地，其核心利用的岗地周长约 1000 米，占地约 3 万平方米。因位于淮水入江口，地理位置十分重要，除了浓厚的军事性质，越城还具有对长干地区的管理功能[2]。长干四面都有山水天然屏障，特别是其西紧临长江。长江在六朝及以前，江面开阔约为今日的三倍有余。沿江山脉是南京城防江涛的天然屏障，但在长干以西花露岗与雨花台岗地之间有一段豁口，长干平地与江面相接。为保证长干地区免受江涛影响，自古以来在这一段豁口沿江筑长堤，这段堤叫作横塘[3]。横塘是古人在长干营建的大型水利设施，是伴江而生的重要措施之一，对长干地区具有重要作用。今天我们在越城发现了湖熟文化时期的环壕和城墙门道遗迹，大大突破了之前认识的时代，在环壕和城墙之外还发现商代晚期水井。据此，我们甚至可以把横塘理解为长干古城的外城，横塘连接两侧岗地，对长干地区形成闭合空间。

长干是湖熟文化的重要据点，它是长江南岸的前哨阵地，在中原地区商周更迭之际，有北方族群和势力南下，长干首当其冲。长干古城在这个时期多次重新开挖环壕，应与上述历史背景有关。而长干古城所具有的军事要冲作用，在此后吴越争霸，乃至六朝建都，长达约1500 年间都不断体现出来。

二　六朝长干里

魏晋南北朝是历史上的一个气候寒冷期，气候变化一方面迫使北方游牧民族的南迁，形成中原士族南下，为江南的开发带来重要契机。同时气候寒冷，也让位于江南的淮水下游逐渐沉积成陆。六朝建都南京，就是选址在淮水沉积平原上。对于定都于此的孙吴政权来说，一方面有长干这种人口聚集区的支撑，另一方面都城选址也可避免与长干土著发生冲突。在整个六朝时期，都城的主体都在淮水以北，淮水以南的长干仍然维持民庶杂居、市肆繁荣的局面。

六朝置长干里于长干，在后人的表述特别是文学作品中，除非涉及户籍上的含义，长干里在广义上就代表长干这一区域了。

长干里是六朝都城最著名、规模最大的生活区。里作为建康城的一级户籍管理单位，目前已知的有十几个里名，独以长干里最为著名。长干里本就是淮水下游山水秀美的理想居所，再加上自古以来人们的开发建设，自然具有便利的生活条件。吴都建邺，不仅南下的江淮士族，还有三吴著姓都看上了长干这块风水宝地。吴国著名大臣张昭宅即在长干，因张昭受封娄侯，又在长干地区留下张侯桥、娄侯桥的地名。张侯桥恐又名娄侯桥，因近张昭宅而得名，

---

[1] 关于长干里历史、范围和部分考古发现可参见许志强：《六朝建康长干里考略》，《魏晋南北朝隋唐史资料》第三十六辑，2017 年，第 76～87 页。

[2] 王志高：《南京越城诸问题试析》，《南京晓庄学院学报》2018 年第 3 期。

[3]（唐）许嵩撰，张忱石点校：《建康实录》卷四《后主》，中华书局，1986 年，第 98 页。

桥对东晋瓦官寺门[1]。在越城的西北还有吴郡的陆机宅。陆机入晋赴洛阳，曾作《怀旧赋》曰：望东城之纡余[2]。即是怀念孙吴旧都的宅第，可东望越城。这样看来陆机宅与张昭宅相距不远，应同属小长干。西晋著名文学家左思的《吴都赋》也花重墨描述了吴都长干地区人烟阜盛的状况。晋王朝流寓江左，建康地区一时间寄居大量北方衣冠。由于长干地区住所日渐饱和，彼时"京师鼎族多住清溪左及潮沟北"[3]。长干主要居民仍为江南土著和晚渡低等家族。南朝宋齐两朝儒士伏曼容宅也在瓦官寺东[4]。齐梁之世，寒门崛起，因为这些寒门主要住在长干一带，靠近南冈（即石子冈北延部分），故形成"南冈士大夫"这一专称[5]。

长干一带岗峦起伏，兼有江、淮水利，在六朝早期，局部曾短暂出现瓦官作坊。前述小长干瓦官寺，本晋陶官机构。在小长干的花露岗西南侧、大长干越城台地北侧分别发现孙吴和东晋的窑址。这些都是烧制建筑砖瓦构件的窑炉，可能是两个特殊时期为营建宫室而临时就近设置的。孙吴肇建都城，就地取材尚可理解。而在越城台发现的东晋窑业作坊均废弃于东晋中期偏早，很可能是苏峻乱后，重新营建宫室的便宜举措。窑业置于人口稠密的生活区这一现象较为短促，随着战后逐步恢复，长干里人口重新聚集，窑场也就关停。至东晋哀帝兴宁二年，"诏移陶官于淮水北"[6]。

长干里出现六朝市井之地，交通便利，商业活跃。长干自古为人们聚居之地，在地势之利的基本条件之上，还因为北滨淮水，可以靠水路通达广大的淮水流域；又西临大江，为南京段沿江山脉中少有的江湾，是理想靠岸之地。江南交通主要靠水路，长干控制水口要冲，加上长干本地的人口资源，为早期商业的发展打下必要基础。孙吴都城建邺主要位于淮水以北，为便于都城政治空间与长干经济空间的交通，在淮水上立大航（又名南淮大桥、朱雀桥）。大航北接都城御街，南通长干腹地。在六朝时期，淮水是重要的商船贸易地，最鼎盛时期淮上共设二十四航（渡口）[7]，其中最著名的有大航、竹格航、骠骑航和丹阳航，前二航都是直通长干，大航通大长干，竹格航通小长干。南京曾在颜料坊发掘到六朝的淮水北岸，出土大量与商品货物有关的文物，可能就是过竹格渡的位置。

长干里是六朝都城一处寺庙集中地，先后建有多座著名寺庙。六朝都城是江南佛寺的诞生地和佛教中心，佛寺林立，据不完全统计高峰时期能达到500座左右，诗云：南朝四百八十寺，绝不夸大。在长干里地区，出现过多座赫赫有名的寺庙。其中长干寺处早在孙吴即立有阿育王舍利塔，有晋一代有多个关于此塔的感应记载，南朝梁曾一度改称阿育王寺。该寺隔长干大道与越城东西相望，早已成为长干里重要地标。此后历宋天禧寺、明清大报恩寺，都是承

[1]（唐）许嵩撰，张忱石点校：《建康实录》卷一《吴上》，中华书局，1986年，第2页。

[2]（唐）许嵩撰，张忱石点校：《建康实录》卷一《太祖》，中华书局，1986年，第1页。

[3]（唐）许嵩撰，张忱石点校：《建康实录》卷二《太祖》，中华书局，1986年，第51页。

[4]（唐）姚思廉撰：《梁书》卷四十八《伏曼容传》，中华书局，1973年，第663页。

[5] 参见孙齐：《说"南冈士大夫"》，《南京晓庄学院学报》2015年第5期。

[6]（唐）许嵩撰，张忱石点校：《建康实录》卷八《哀皇帝》，中华书局，1986年，第233页。

[7]（唐）许嵩撰，张忱石点校：《建康实录》卷九《烈宗孝武皇帝》，中华书局，1986年，第256页。

建于孙吴阿育王塔基础上。这一座寺庙也为考古发现所证实[1]。还有瓦官寺，为东晋哀帝兴宁二年移陶官于淮水北，以南岸窑处之地释僧慧力造瓦官寺[2]。瓦官寺为天台宗祖庭，寺庙规模很大。曾建瓦官寺阁，登临可远眺整个都城。瓦官寺还因顾恺之画维摩诘像留下点睛之笔的成语。瓦官寺是小长干的重要地标，前述小长干巷、名人宅、桥等都是以其为标志的。此外，长干里区域还出现越城寺、南涧寺、南冈禅寺、高座寺、铁索罗寺等众多寺庙。铁索罗寺又名铁索寺，本是东晋第一座尼寺，因西域尼铁索罗居此，遂名。寺庙是六朝重要活动地点，有的寺庙左近还立市场，如斗场寺旁即有斗场市。除了佛教寺庙，吴时还有纪念伍子胥而筑的伍胥庙，但在孙琳当权时连同朱雀航一并烧毁了[3]。

　　长干里日益发展，在梁代通御道，新作国门，打造了国都气派的南大门[4]。六朝建康城御道在淮水北部分，自宫城大司马门经宣阳门到朱雀门，南北长七里，终三百多年，未曾有变[5]。御道经朱雀门南渡朱雀航，南出即进入大长干。早在孙吴都城时期，在大长干便形成一条重要道路。东晋都城无外郭城墙，设篱门[6]，在淮水以南长干区域设置南篱门[7]。南朝一改东晋流寓朝廷的气质，开始重新建立都城制度，强调中轴对称，建中立极。特别是南朝梁，一时太平，在天监七年正月在宫城端门和正门大司马门外各立神龙、仁虎双阙[8]。二月，新作国门于越城南。国门即国都之大门。延长了前朝御道，打造了一条更加宏伟的中轴线。梁代都城核心的南界就是长干里之南的石子冈[9]。长干里一直是都城的南门户，然至此才在形式上正式设立代表都城的礼制建筑。国门及城墙外还引南涧水开挖了护城河，护城河上对国门位置有桥曰望国门桥[10]。实际上，六朝都城尽量仿制中朝洛阳城，规划的御道还存在更大空间的构想。晋成帝欲立石阙于宫门，王导因中兴草创，乃于宣阳门遥指牛头峰为天阙。牛头峰位于牛头（首）山，因此又别称天阙山。自朱雀门沿御道方向，直至天阙山约四十里[11]。建康城呈东北西南的倾斜方向，确实正对牛首山。在长干里出国门（或南篱门），可沿南涧至石子冈白杨路，亦可沿江，二者皆通建康江岸重地新亭垒。长干是长江中游沿江而

[1]　大报恩寺遗址入选"2010年度全国十大考古新发现"。

[2]　（唐）许嵩撰，张忱石点校：《建康实录》卷八《哀皇帝》，中华书局，1986年，第233页。

[3]　（唐）许嵩撰，张忱石点校：《建康实录》卷三《景皇帝》，中华书局，1986年，第81页。

[4]　（唐）姚思廉撰：《梁书》卷二《武帝本纪》，中华书局，1973年，第47页。

[5]　《建康实录》卷四《后主》案引《宫城记》"吴时自宫门南出，夹苑路至朱雀门七八里，府寺相属。"第98页；卷七《显宗成皇帝》案引《地舆记》"次正中宣阳门……南对朱雀门，相去五里余，名为御道，开御沟，植槐柳。"第180页。

[6]　（北宋）司马光编：《资治通鉴》卷一二九《宋纪》，中华书局，1956年，第4067页。

[7]　（宋）李昉等撰：《太平御览》卷一百九十七"居处部二十五""藩篱"引《南朝宫苑记》曰：建康篱门，旧南北两岸篱门五十六所，盖京邑之郊门也，如长安东都门亦同之郊门。江左初立，并用篱为之，故曰篱门。南篱门在国门西，三桥篱门在金光宅寺侧。东篱门本名肇建篱门，在古肇建市之东。北篱门今覆舟东头玄武湖东南角，今见有亭，名篱门亭。西篱门在石头城东，护军府在西篱门外路北。白杨篱门外有石井篱门。国家图书馆藏明万历刻本。

[8]　（唐）姚思廉：《梁书》卷二《武帝本纪》，中华书局，1973年，第46页。

[9]　（宋）李昉等撰：《太平寰宇记》卷九十《江南东道二·昇州》"江宁县"，中华书局，2007年，第1774页。

[10]　（唐）许嵩撰，张忱石点校：《建康实录》卷一《太祖》，中华书局，1986年，第1—2页。南京西街遗址考古揭露梁代御道在长干区域长210余米，国门及城墙为包砖建筑，从残存基础来看，为一门三道布局。

[11]　（唐）许嵩撰，张忱石点校：《建康实录》卷七《显宗成皇帝》，案引《地记》，中华书局，1986年，第191页。

下至建康的必经之路。六朝立都建康，分淮水以北为建康县，以南为秣陵县。在东晋末年，以扬州禁防参军地为秣陵县治，也在小长干巷[1]。

六朝都城发生过多次内乱，长干里也屡遭兵燹。遇有战事，即启用越城作为淮水南岸的堡垒。在有关六朝的文献中，提到越城的频次很高，一般行经长干地区常以越城为记，有行经越城、望越城、登越城等，军事行为的记载更多，有栅越城、城越城、修治越城、屯越城、戍越城、顿越城、战于越城等。六朝三百余年，政权更换六代，各朝代内部还都不乏战事。长干里位于都城中轴线的南端，是长江上游兵锋必经区域，越城又是都城保淮拒守的重要堡垒。长干里作为都下繁华的居民区和商业地带，在历次战争中都难独善其身，有时还受到严重破坏。东晋早期王敦之乱，在关键一场战斗中，王敦兄王含及部将钱凤等至淮水南岸长干一带。温峤屯淮水北，烧朱雀桁以挫其锋。晋明帝亲率六军，挥师渡淮水，战于越城，大破王敦部众[2]。孙恩、卢循叛乱时，东晋朝廷也据守越城。齐崔慧景叛乱，萧懿即据越城大败之[3]。齐东昏侯曾"烧淮水南岸邑屋以开战场。自大航以西、新亭以北，荡然矣"。[4]梁武帝晚期，侯景叛乱，陈霸先"令（羊）侃率千余骑顿望国门"。

三 六朝覆亡与长干里变迁

隋开皇九年，"诏建康城邑宫室，并平荡耕垦，更于石头置蒋州。"[5]六朝故都不再称建康，隋唐官方以蒋州、升州、归化县等呼之，但民间却又重新启用楚国所名金陵。位于长干里的御道、国门、城壕和越城，随着六朝终结，自然也难逃被毁的命运。长干里逐渐沦为一般生活区，而越城1500年的控淮镇江使命也到此终结，此后被称为越台。

隋唐两代刻意压低六朝故都政治地位，在城市建设上无所建树，这也导致300年历史在南京都没有留下地层堆积。但毕竟是江南佳丽地，金陵仍然是江南区域的文化、商业中心之一，尤其长干里的生机盎然成为金陵怀古的重要灵感来源。金陵怀古文学影响力巨大，奠定了六朝之于南京的地位，打造了南京城市文化的属性。

南唐重建金陵城，纳淮水于城中，第一次物理割裂了长干里。失去了淮水黄金水道，长干里从此再难现往日繁荣景象。两宋利用南唐宫城作为府城，南宋还以建康府为陪都，在建康保留行宫建制，南门外辟为建康中军校场。南宋建康府城南有西市，形成东西向西市口街，即现在俗称的"西街"。西街道路格局一直保持到今天。明代在外壕漕运设上下码头，聚宝门外商业繁荣。因长干里越城等岗阜土质好，明代在此大规模取土，甚至就近烧砖瓦，地势高亢的越台取之殆尽[6]，这种活动留下窑湾街的地名。

[1] （唐）许嵩撰，张忱石点校：《建康实录》卷十《恭皇帝》，中华书局，1986年，第350页。

[2] （唐）房玄龄等撰：《晋书》卷六《明帝》，中华书局，1974年，第161、162页。

[3] （梁）萧子显撰：《南齐书》卷五十一《崔慧景传》，中华书局，1972年，第876页。

[4] （唐）姚思廉撰：《梁书》卷一《武帝》，中华书局，1973年，第12页。

[5] （唐）魏征等撰：《隋书》卷三十一《地理志》"丹阳郡"，中华书局，1973年，第876页。

[6] 《正德江宁县志》卷七"古迹"，国家博物馆藏明正德刻本。

太平天国运动和日军侵华时期，攻打南京都在雨花台、长干里设进攻据点，长干地区的生业又遭受重创，文物接连毁坏。近代洋务运动，在城南诞生中国民族工业的先驱——金陵机器制造局。

长干里早已随着南唐以后的高墙深壕失去地理优越性，随着南京的浮浮沉沉，逐渐淹没在历史的沧桑里。于今人而言，长干里的面貌已不得而知，唯有越城和报恩寺这两个地标顽强地留在南京人的心中。所幸这两处重要地点均已被考古发现所证实。

长干是南京最先形成大规模聚落的地方，是南京已知最早的地名，在湖熟文化时期作为区域中心建造了偏向军事功能和管理功能的江边城堡。六朝都城时期，是都城空间的重要组成部分，是六朝的象征之一。此后南京的沉浮变迁，都在长干留下了证据。长干里是六朝古都唯一保存有系统物质遗存的地方，是见证南京城市发展史的关键地，是承载南京历史文化最古老而又最具有生命力的地方，是南京历史文化重要名片。

青瓷荟萃　长干遗珍——六朝长干里出土瓷器

苏　舒　陈大海

长干里位于六朝都城建康城的南郊，是南京历史上一处著名的地理单元。南京作为我国第一批历史文化名城，其建城史的开端就是位于长干里的越城。越城滨江控淮，是越灭吴后，建立的为对抗楚国的重要军事据点。到了六朝建都，长干里早已人烟阜盛，并成为都城的南部门户，不绝于史载，西晋文学家左思《吴都赋》及唐代李白《长干行》等著名文学作品更让长干里享誉大江南北。

2017 年，南京西街遗址考古发掘工作陆续开展，至今其发掘工作尚在进行中。西街遗址位于六朝长干里的核心地带（图一），经考古发掘，发现了丰富的六朝遗存，其中以东晋和南朝两个时期的文化堆积最为丰厚，目前发现的主要遗迹有东晋越城环壕、南朝御道以及东晋砖瓦窑、东晋南朝水井和灰坑、南朝末期墓葬等，出土的遗物中瓷器数量巨大，具有重要的研究价值。

一　长干里出土瓷器特点

经初步整理，六朝长干里遗址[1]出土瓷器数量达数万件，其中以青瓷为主，约占总数90% 以上，此外还有少量酱釉及黑釉瓷器。

（一）器形丰富，前所未有

本次发掘出土瓷器器类丰富，有碗、盏、盘、高足盘、罐、钵、杯、砚台、水盂、器盖、盘口壶、唾壶、鸡首壶、熏、扁壶、擂钵、纺轮、灯、盏托、盆、瓶、虎子等器形，其中大部分为日常生活用品，还有部分罕见器形，如广口罐、器盖、净瓶等。

1. 青釉广口罐

口呈浅盘口状，口沿处饰褐色点彩，和常见的罐类不同，此类罐腹身虽也圆鼓，但更近于直筒形，且肩部无系，是东晋时期一类较为小众的器形（图二）。

---

[1]　因西街遗址位于长干里核心地带，故下文均称"长干里遗址"。

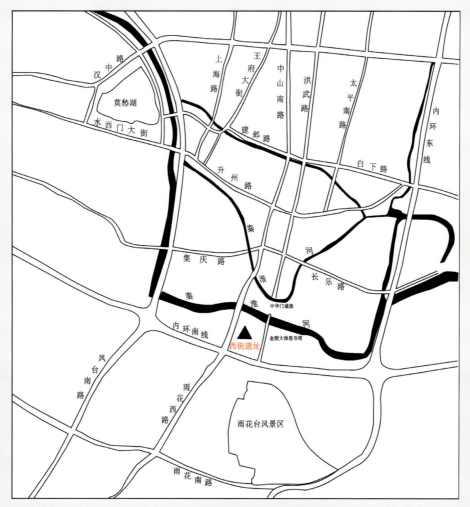

图一　西街遗址位置示意图

图二　青釉广口罐（长干里遗址出土）

图三　青釉器盖（长干里遗址出土）

2. 青釉器盖

本次发掘出土的器盖类型多达数十种。根据形制不同，可分为五型，有喇叭状、钵状、盖面曲弧状、盖顶平坦状（图三）等，器形十分丰富，应与钵、罐等器形搭配使用。装饰上，除常见的褐色点彩外，亦有菊瓣纹、联珠纹、弦纹等（图四）。此次发现的器盖器类之丰富、装饰之精美，实属难得。

3. 青釉钵

圆唇，口微敛，圆曲腹，大圆饼足。器身通体施釉，腹部饰凹弦纹并对称贴塑三个铺首。口沿和外底均可见多处支烧痕（图五，1）。2002年，广州市中山六路黄金广场出土的晋南朝时期的青釉圜底碗（图五，2）[1]，与长干里遗址出土的这件器形和装饰风格接近，器身施满釉，且内外底均可见支烧痕。此外，江西西晋永安元年（公元304年）墓曾出土过一件同类型敛口深腹钵（图五，3）[2]，外腹近底处有一圈锯齿状支烧痕，和前述两件圜底钵造型和装烧方式均十分接近。目前这类器物产地不明，期待今后更多的考古发现。

4. 青釉长颈瓶

喇叭形口，竹节状细长颈，卵圆形腹。腹部饰有莲瓣纹（图六）。2019年，南京市考古研究院在栖霞区摄山村一座南朝墓葬中清理发掘出一件青釉长颈瓶[3]，器形与装饰风格与长

[1] 广州市文物考古研究所：《广州市中山六路黄金广场汉六朝唐宋遗址》，《羊城考古发现与研究》，文物出版社，2005年，第239页，图版一。

[2] 张文江：《洪州窑作品集》，湖北美术出版社，2005年，图18。

[3] 南京市考古研究院：《南京市栖霞区摄山村六朝墓葬发掘简报》，《东南文化》2022年第4期，第68～79页。

图四　器盖装饰举例（长干里遗址出土）

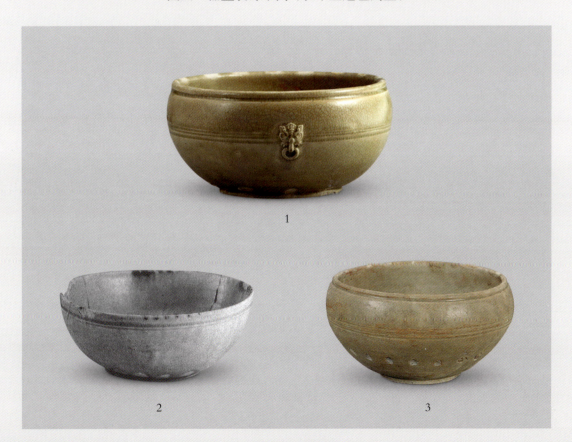

1

2　　　　　　　　　　　　3

图五　青釉钵

1.长干里遗址出土　2.广州市中山六路黄金广场出土　3.江西西晋纪年墓出土

图七　青釉龙柄壶（长干里遗址出土）

图六　青釉长颈瓶（长干里遗址出土）　　　　　图八　青釉莲瓣纹碗（长干里遗址出土）

干里遗址出土的这件十分接近。目前这类器物在南京仅出土两例，造型优美，装饰风格清新淡雅。同样造型的铜长颈瓶在南北朝各地的墓葬亦有所发现。有学者曾就南北朝墓葬出土铜礼佛用具进行研究[1]，其中出土的铜长颈瓶，造型与长干里出土青瓷瓶十分接近。这种不同手工业门类中的彼此借鉴与模仿，值得进一步深入研究。

5. 青釉龙柄壶

盘口，颈部极矮，圆球形腹。肩部一侧置泥条龙首柄，另一侧置莲瓣状流。柄与流间置对称半环形系，下方贴塑铺首（图七）。这件器物形似鸡首壶，但又风格独特。其流作莲瓣状，不同于六朝时期青瓷壶常见的鸡首或羊首。这件龙柄壶造型优美，充分展示了制瓷工匠的高超技艺。

值得注意的是，部分器形如青釉莲瓣碗（图八），外壁剔刻密集莲纹，为南京首次发现，且目前除产地外，尚未在其他地区出土，不排除其可能为都城建康定烧的可能性。

此次发掘器类如此丰富，在以往六朝建康城遗址及墓葬的考古发掘中极为罕见，可谓前所未有。

[1] 范佳楠：《南北朝墓葬所见铜礼佛用具》，《故宫博物院院刊》2017 年第 1 期，第 27 ～ 37 页。

（二）产地多元，精品集萃

六朝长干里地区，是建康城人烟最密集的区域，商品贸易发达；同时又因建康为东晋南朝时期南方的政治中心，集各地优质的陶瓷产品汇集于此。

据统计，长干里遗址东晋南朝地层中出土瓷器的窑口纷繁复杂，出现了大量来自长江中游窑口的瓷器，其中以江西洪州窑和湖南岳州窑为主。

1. 洪州窑

洪州窑是长江中游地区一处著名六朝青瓷窑场，位于江西丰城市内，创烧于东汉晚期，六朝时期一度发展繁荣。1992～1994年，北京大学曾对该窑场进行过较大规模的发掘，之后进行细致整理，并刊布了发掘报告[1]。该窑址产品面貌较为清晰。六朝洪州窑在创烧期，即东汉晚期至西晋时期，器类并不十分丰富，器形与越窑、岳州窑大多相似，并无显著特色。东晋之后，洪州窑步入繁荣期，器形丰富，出现高足盘、杯等新器形。装饰技法多样，点彩、印花等新工艺产生。装饰纹样有莲瓣纹、菊瓣纹等。到了隋代，模印纹样更加丰富，以各类植物纹、花朵纹为主体进行组合装饰，极具特色。

长干里遗址出土的瓷器中不乏洪州窑产品。遗址中出土了大量碗、莲瓣纹碗，曲腹，饼足，内外壁均施釉不及底。内底不施釉看似粗糙，实则为多件叠烧增加产量，碗内底露胎可保证坯件之间互不粘连。部分碗、钵外腹壁釉下施灰白色化妆土，以遮盖胎土的缺陷，具有典型的南朝洪州窑青瓷特征。钵、罐也是长干里遗址出土的大宗类器形，其中大部分口沿处饰褐色点彩。点褐彩装饰是以铁含量较高的釉料在器表施斑点，或绘出条状斑纹，入窑烧成后点彩处呈褐色，与青釉交相辉映，具有良好的装饰效果。洪州窑点褐彩装饰技法最早于西晋时便已采用，东晋时广泛流行，大量碗、钵、罐、壶口沿或器身均饰点褐彩。长干里越城遗址出土的这类口沿饰点彩的钵、罐，广泛见于洪州窑龙凤乌龟山、罗湖寺前山等多处窑址中。高足杯、高足盘的大量发现亦是该遗址的重要收获，过去数十年建康城遗址或墓葬考古发掘中，这类器物零星出土于建康城遗址中，墓葬中几乎不见。本次发现了数量较多的高足杯及高足盘，其中包括大量洪州窑标本，如标本T7360G2②：16（图九，1），盘内心戳印花朵纹和宝相花纹，其造型与装饰技法与洪州窑罗湖寺前山窑址出土的高足盘[2]（图九，2）如出一辙。类似的装饰风格还出现在部分钵上，长干里遗址出土的青釉钵，标本T7360G2：162（图一〇，1），内底同心圆外饰树枝叶纹，同样的纹饰见于洪州窑罗湖寺窑址出土的标本[3]（图一〇，2）中。

2. 岳州窑

岳州窑是长江中游另一处青瓷窑场，位于湖南湘阴，因唐代该地属岳州管辖，故名为"岳州窑"。其历史最早可追溯至东汉时期，因窑址位于湘阴县，又称"湘阴窑"，是六朝时期

---

[1] 北京大学中国考古学研究中心、江西省文物考古研究院等：《丰城洪州窑址》，文物出版社，2018年。

[2] 北京大学中国考古学研究中心、江西省文物考古研究院等：《丰城洪州窑址》，文物出版社，2018年，第163页，图一〇，2。

[3] 北京大学中国考古学研究中心、江西省文物考古研究院等：《丰城洪州窑址》，文物出版社，2018年，彩版二七。

1   2

图九　洪州窑高足盘

1. 长干里遗址出土　2. 罗湖寺前山窑址出土

1   2

图一〇　洪州窑青釉钵

1. 长干里遗址出土　2. 罗湖寺前山窑址出土

1　　　　　　　　2

图一一　岳州窑青釉盘口壶

1. 长干里遗址出土　2. 湘阴窑窑址出土

长江中游著名的青瓷窑场。该窑址目前开展的发掘工作不多，目前已发掘的窑址有青竹寺窑址、湘阴窑、马王墈窑址等。东汉时期，因正处于创烧阶段，早期产品质量一般，器形相对单一。东晋南朝时期，该窑场发展尤为兴盛。产品类型丰富起来，出现高足盘、高足杯、瓶等新器类。装饰技法多样，大量采用模印、刻划花装饰。

　　岳州窑目前刊布的资料并不多，因此可供查阅的资料有限。长干里遗址出土了大量岳州窑标本，可谓是除窑址外一次重要发现。长干里遗址出土的岳州窑标本时代以东晋至隋为主，精品颇多。其中，尤以一些罕见器形最具代表性。青釉盘口壶T5956G17：23（图一一，1），与常见的盘口壶不同，小盘口，矮束颈，卵圆形腹，圆饼足，肩部置四个横向泥条系。这类盘口壶极为少见，窑址材料目前仅见湘阴窑出土[1]（图一一，2）。青釉瓶J40：3（图六），喇叭口，竹节状细长颈，橄榄形腹，圆饼足。外腹部饰莲瓣纹和卷草纹。同类型瓶见于湖南长沙识字岭南朝齐永明十一年墓出土[2]（图一二），此外，湖南湘阴

图一二　岳州窑青釉长颈瓶
（湖南长沙识字岭南朝墓出土）

[1]　周世荣、周晓赤：《岳州窑》，湖南美术出版社，2011年，第111页，图3-86。

[2]　周世荣、周晓赤：《岳州窑》，湖南美术出版社，2011年，第21页，图1-6-1。

1　　　　　　　　　　　　4

2　　　　　　　　　　　　5

3　　　　　　　　　　　　6

图一三　岳州窑青釉碗、碟

1. 长干里遗址出土　2. 湘阴窑窑址出土　3. 长干里遗址出土　4. 岳州窑窑址出土　5. 长干里遗址出土　6. 岳州窑窑址出土

江东路出土的酱黄釉双系盘口壶，造型和纹饰风格也与之接近[1]。岳州窑产品不仅造型新颖，其装饰技法也颇为丰富。青釉碗 TG21G2∶117（图一三，1），外壁间隔刻划花朵纹和之字形纹，与湘阴窑出土的南朝印花洗[2]（图一三，2）装饰风格几乎一致。青釉大碗 TG15H209∶1（图

[1]　周世荣、周晓赤：《岳州窑》，湖南美术出版社，2011 年，第 112 页，图 3-87。

[2]　周世荣、周晓赤：《岳州窑》，湖南美术出版社，2011 年，第 121 页，图 3-106。

1

2

3

图一四　岳州窑带支钉器物一组

1.长干里遗址出土钵　2.长干里遗址出土砚　3.湘阴窑马王墈窑址出土碗

一三，3），内壁细线刻划缠枝纹、莲纹等，纹饰淡雅清新，类似的纹样见于岳州窑南朝青釉刻花碟[1]（图一三，4）等器物上，窑口特征鲜明，易于辨别。类似装饰风格的器物还有青釉碗 T8358 ⑥：3（图一三，5），其内壁细线刻划松枝纹、荷叶纹等，这件器物的特别之处还在于其外壁剔刻出密集的莲瓣纹，浮雕感极强，相同装饰风格见于岳州窑南朝青釉莲纹洗[2]（图一三，6）。类似风格纹饰还见于长干里遗址出土的高足盘等器物中。此类清新淡雅的装饰纹样，在南京均是首次发现，让人眼前一亮。长干里遗址出土的大量岳州窑产品均残存有支烧痕，如青釉钵 T8154G5：468（图一四，1）内外底、青釉砚 TG4 ⑥：13（图一四，2）外底均残存方形支烧痕，同类型产品见于湖南湘阴窑马王墈窑址出土[3]（图一四，3），而且窑址还出土了烧制此类器形的轮状垫圈[4]（图一五），呈扁圆形，锯齿状支足与器物内外底残存的支烧痕完全对应。

　　长干里遗址出土的瓷器中，很多器物均通体施釉，质量精美。六朝时期，器物多采用多件叠烧，器物之间需以间隔具分开，因此大部分器物会出现内外底露胎的情况。长干里遗址发现的满釉器物，其在烧制时需单独摆放，其烧制成本远超普通生活类瓷器，这批瓷器当属

[1]　周世荣、周晓赤：《岳州窑》，湖南美术出版社，2011年，第123页，图3-112。

[2]　周世荣、周晓赤：《岳州窑》，湖南美术出版社，2011年，第120页，图3-105。

[3]　周世荣、周晓赤：《岳州窑》，湖南美术出版社，2011年，第105页，图3-73。

[4]　周世荣、周晓赤：《岳州窑》，湖南美术出版社，2011年，第107页，图3-77。

图一五　岳州窑轮状垫圈
（湘阴窑马王墈窑址出土）

精品无疑。对应窑址出土材料，这类满釉器物均属岳州窑产品。

3. 浙江窑口

除长江中游产品外，长干里遗址也有少部分浙江产品。部分酱釉产品如酱釉盏 T7956G5：370（图一六，1）、酱釉小罐 T5956G17：38（图一六，2），另有部分器物胎色颇深，呈砖红色甚至褐色，如青釉

1

2

3

4

5

图一六　浙江窑场生产瓷器

1. 酱釉盏　2. 酱釉小罐　3. 青釉砚　4. 青釉盘口壶　5. 青釉钵

砚 T6754G5：852（图一六，3）、青釉盘口壶 T7855G5：526（图一六，4）等，这类胎釉较深者，可能为德清窑产品。另有部分越窑产品，如青釉钵 H225：8（图一六，5），无论其胎釉，还是外壁装饰的网格纹装饰带，均具有明显的西晋时期越窑产品风格。

二　长干里遗址出土瓷器的学术价值

建康城长干里遗址此次出土的瓷器，为一系列学术问题的研究开展带来新的契机，现列举几个相关问题，管窥蠡测，敬请指正。

（一）有关"六朝建康城长干里"空间性质的认识

长干里是了解六朝建康城城南地理空间的重要坐标。许志强曾撰文专门对建康城长干里进行考证[1]，结合历史文献和考古资料廓清其空间范围，"长干里南至石子冈北侧边缘（今应天大街），东至戚家山，西至六朝江岸—花露岗，北以秦淮河'V'字形河道为界"；同时，参照大报恩寺遗址和城南"越城天地"地块这两处考古发掘资料，对长干里的功能用途进行了研究，"长干里范围内，既有寺院区、墓葬区，亦有大片的生活区域"。

长干里遗址出土了来自长江流域多个窑场生产的精美瓷器，数量繁多，类型丰富，以生活日用品为主，这与长干里在六朝时期有大片生活区域密切相关，在当时应属建康城人烟密集区域，商品贸易发达，各地的奇珍异宝均集结于此。长干里遗址还出土了大量装饰莲瓣纹器物，如碗、盘、高足盘、杯等。此外，还有部分罕见器形，如圜底钵、净瓶等具有浓厚佛教文化因素的佛寺法器等，符合长干里佛寺林立的历史记载。本次考古出土的瓷器，对长干里这一地理空间的功能用途研究提供了新资料。

（二）有关六朝长江流域制瓷业生产格局的认知

众所周知，六朝时期尤其在东吴西晋时期，久负盛名的浙东窑场越窑几近一统天下。南京东吴西晋墓中出土的青瓷中，大部分产品均来自越窑，另有少部分来自浙江其他窑场如德清窑等，及周边窑场如宜兴窑，且很多窑场均有仿烧越窑的情况。越窑在进入东晋以后，逐步走向衰弱，窑场生产规模缩小，窑址分布出以曹娥江流域为烧造中心，转变为零星散落的星状格局。与此同时，长江中游窑场发展势头尤为迅猛，例如洪州窑率先于东晋时期采用匣钵装烧，极大地提高了产品烧成质量；又如岳州窑在产品质量上精益求精，高成本烧制大量满釉器。这两处窑场均在这一时期创烧出大量独特器形，且装饰精美。据粗略统计，长干里遗址东晋南朝遗迹单位中出土的瓷器中，长江中游产品（以洪州窑和岳州窑为主）占据70%以上。这清晰的反映了东晋南朝时期长江流域窑业格局的变化，即长江中游窑业的崛起与长江下游窑业的相对衰落，浙东越瓷独占鳌头的局面已不复存在。

---

[1] 许志强：《六朝建康长干里考略》，《魏晋南北朝隋唐史资料》（第36辑），上海古籍出版社，2017年，第76～87页。

长干里遗址出土瓷器，是近年来遗址出土六朝瓷器的一次重要发现，有望将六朝陶瓷的研究推向新阶段。过去，学术界对于六朝瓷器的认识，多借助于墓葬出土资料，或窑址出土资料。遗址出土六朝瓷器资料十分零散。长干里遗址如此集中出土同一时间段的遗物，实属罕见。本次发掘出土的瓷器，不仅有常见的生活日用器，还有文房用品、宗教法器等，器形十分丰富，这是墓葬出土资料无法比拟的。长干里遗址出土的瓷器，来自越窑、洪州窑、岳州窑等多个六朝著名窑场，可谓是除窑址外一次难得的发现。张科在《近百年来六朝瓷器研究述评的回顾与展望》[1]中指出，目前六朝陶瓷研究存在的问题在于产地分析。因大量窑址资料尚未刊布，且六朝瓷器面貌较为接近，彼此差异不显，窑口的辨认并非易事。长干里遗址出土的瓷器，为认识六朝不同窑场产品面貌提供了很好的窗口，对于研究六朝瓷窑产品的流通与消费情况提供了丰富资料。又及，建康城作为当时的政治和文化中心，长干里遗址出土瓷器的研究，有助于推进六朝时期社会经济与文化生活的研究。

---

[1] 张科：《近百年来六朝瓷器研究述评的回顾与展望》，《吉光片羽——湖南考古出土陶瓷学术研讨会论文集》，文物出版社，2023 年，第 1～21 页。

图

版

1. 青釉碗 T8156J135：2

南朝

口径 11、底径 3.4、高 7.6 厘米

口沿稍残。方唇，直口，曲腹，腹上部较直，下部
内收，圆饼足。灰胎，胎质较疏松。青釉，釉面莹
亮，有大量开片，有流釉和积釉现象。内壁施满釉，
外壁施釉至下腹部。岳州窑产品。

2. 青釉碗 T7557G6：1

南朝

口径 21.6、底径 8、高 12.4 厘米

可复原。器形较大。方唇，直口，曲腹，上腹较竖直，下腹圆曲，圆饼足，中部刻一圆形凹槽。黄灰胎。青绿釉，有大量开片。内壁施釉至腹中部，外壁施釉至腹下部，内外壁均见流釉。内外口沿下方均饰一道凹弦纹。内底露胎处划出几周弦纹，中划一"十"字。岳州窑产品。

3. 青釉碗 T8156J135：3

南朝

口径 9.6、底径 3.4、高 6.2 厘米

口沿稍残。方唇，直口，曲腹，腹上部较直，下部内收，圆饼足。浅灰胎，胎质较疏松。青釉微泛黄，釉面莹亮，有细碎开片。内壁施满釉，外施釉近足端。洪州窑产品。

4. 青釉碗 T7758H150：1

南朝

口径 10、底径 3.5、高 6.8 厘米

可复原。方唇，直口，曲腹，腹上部较直，下部圆曲内收，圆饼足，足内刻一圈凹槽。灰胎，胎质较致密。青绿釉，釉面莹亮，有大量开片。内壁施满釉，外壁施釉至下腹部。洪州窑产品。

5. 青釉碗 TG2G2：76

南朝

口径 12.2、底径 5.2、高 7.2 厘米

可复原。尖圆唇，直口，曲腹，腹上部竖直，下部内收，圆饼足。灰黄胎，胎质较疏松。青釉微泛黄，釉面光润。内外壁均施釉至腹部。

6. 青釉碗 T6752 ⑥: 2

南朝

口径 13.6、底径 6.4、高 6.8 厘米

可复原。圆唇,直口,圆曲腹,饼足较矮。灰胎,胎质较致密。青釉,哑光,釉色较深,密集开片。内壁施满釉,外壁施釉近足端。外壁口沿下饰一道弦纹。内底有四处支烧痕,外底有五处规整的垫烧痕。越窑产品。

7. 青釉碗 T8159J16：2

南朝

口径 11.6、底径 5.2、高 5.6 厘米

圆唇，敞口，曲腹较浅，圆饼足。灰胎，胎
质较致密。青釉，有大量开片。内壁施满釉，
外壁施釉近足端。内底有三处支钉痕迹。

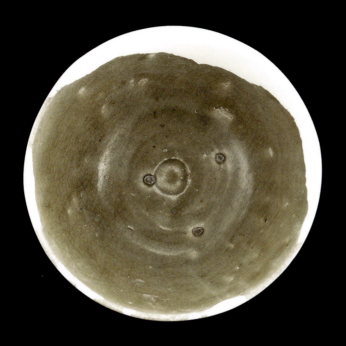

8. 青釉碗 TG15H177：1

南朝

口径 12、底径 5.2、高 6.6 厘米

可复原。圆唇，敞口，曲腹，圆饼足，外底挖足呈假圈足。灰胎，胎质较疏松。青釉，釉面光润，有密集开片。内壁施满釉，外壁施釉近足端。外壁口沿下饰一道凹弦纹。内底刻小圆，有三处支钉痕。

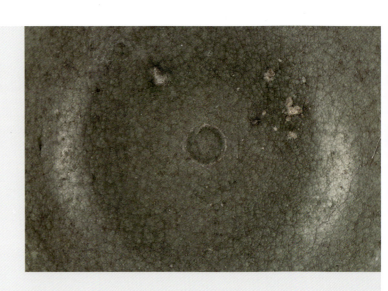

9. 青釉碗 T8152H196：1

南朝

口径 13.2、底径 4.8、高 8 厘米

可复原。圆唇，直口，腹上部较直，下部圆曲内收，饼足内凹，中部刻一圆形凹槽。浅灰胎，胎质较致密。青釉，釉面光亮，有密集开片。内壁施满釉，外壁施釉至下腹部。内底刻小圆。岳州窑产品。

10. 青釉碗 T6752 ⑥：1

南朝

口径 14.8、底径 6.6、高 7.4 厘米

口沿稍残。圆唇，敞口，曲腹，圆饼足。浅灰胎，胎质较疏松。青釉微泛黄，釉面不匀，有细碎开片。内底有擦釉痕迹，外壁施釉至下腹部。洪州窑产品。

11. 青釉碗 T6754J98：5

南朝

口径 12.8、底径 5.8、高 7 厘米

可复原，器身残。尖圆唇，敞口，圆曲腹，饼足。
灰胎，胎质较疏松。青釉泛黄，釉面较多杂质。
内底擦釉，外壁施釉至足端。洪州窑产品。

12. 青釉碗 TG8 ⑥: 4

南朝

口径 12.2、底径 5.8、高 5.2 厘米

口沿稍残。圆唇，敞口，斜曲腹，下腹折收为一平台，圆饼足微内凹。灰胎，胎质疏松。青釉，釉面莹亮，有大量开片。内壁施满釉，外壁施釉至足端。外底有垫烧痕。岳州窑产品。

13. 青釉碗 TG6 ⑥: 6

南朝至隋

口径 10.2、底径 4.3、高 6 厘米

圆唇，口微敛，曲腹，圆饼足内凹。灰胎，胎质较疏松。青釉泛白，有剥釉现象。内外壁均施釉至腹部。施灰白色化妆土。口沿下方饰一道弦纹。洪州窑产品。

14. 青釉碗 TG6G12：8

南朝至隋

口径 12、底径 5.2、高 8.2 厘米

可复原。尖圆唇，敞口，深腹，上腹部较直，下腹部圆曲内收，饼足内凹。灰胎，胎质较致密。青釉微泛黄，釉面匀净，有大量细碎开片。内外皆施釉不及底，施灰白色化妆土。洪州窑产品。

15. 青釉碗 T7957 ⑥：1

南朝至隋

口径 9.4、底径 3.3、高 7.4 厘米

可复原。尖圆唇，直口，深腹，腹中部微鼓，饼足，中部刻一圆形凹槽。浅灰胎，胎质较致密。青釉，釉面莹亮，有密集开片。有积釉、流釉现象。内壁施满釉，外壁施釉至下腹部。外壁口沿下饰一道凹弦纹。岳州窑产品。

16. 青釉碗 TG15H209：1

南朝至隋

口径 28.4、底径 12、高 13.2 厘米

可复原。器形较大。方唇，敞口，圆曲腹，假圈足。浅灰胎。青釉微泛黄，有大量开片。内壁施满釉，外壁施釉近足端。内壁两组弦纹下分别饰缠枝纹、莲花纹，外壁腹中部饰一道弦纹。岳州窑产品。

17. 青釉碗 TG21G2：117

南朝至隋

口径 14.8、底径 5.4、高 11.2 厘米

可复原。圆唇，敛口，圆鼓腹下部内收，圆饼足内凹，外底
刻弯月状凹槽。浅灰胎，胎质较疏松。青釉，釉面光亮，有
密集开片，有流釉和积釉现象，釉层较厚。内壁施釉至口沿
下方，外壁施釉至腹中部。口沿和腹部均饰弦纹，其间刻划
组合朵花纹和之字形纹，间隔环布。岳州窑产品。

18. 青釉莲瓣纹碗 TG17 ⑥：8

南朝

口径 12.4、底径 7、高 7.4 厘米

可复原。圆唇，口微敛，曲腹，圆饼足。黄灰胎，
胎质疏松。青釉微泛黄，釉面莹润，有大量开片。
内壁施满釉，外壁施釉近足端。外壁刻剔饰双层
仰莲瓣纹，莲瓣一肥一瘦。洪州窑产品。

19. 青釉莲瓣纹碗 TG21G2：36

南朝至隋

口径 12.8、底径 5、高 7 厘米

可复原。方唇，敞口，曲腹，圆饼足。灰胎，胎质较致密。青釉，哑光，局部开片。内壁施釉至腹中部，外壁施釉至腹下部。外壁刻剔仰莲瓣纹，莲瓣间以一直线为界，莲瓣较瘦长。洪州窑产品。

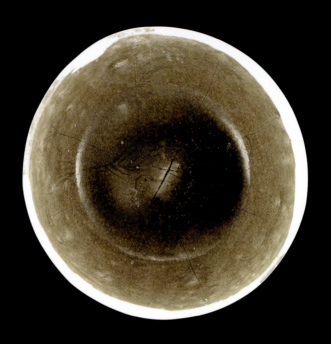

20. 青釉莲瓣纹碗 T8358 ⑥：3

南朝至隋

口径 12.8、底径 4、高 8.8 厘米

可复原。圆唇，口微敞，圆曲腹，圆饼足，中部刻一月牙形凹槽。浅灰胎，胎质较疏松。青釉，釉层较厚，内底和外腹壁积釉处呈现绿玻璃状态。内壁施满釉，外壁施釉至腹下部。外壁口沿下饰三组弦纹，其间剔刻出两层密集莲纹，莲瓣细长，浮雕感强。内壁细线划松枝叶、花叶等纹饰，岳州窑产品。

21. 青釉莲瓣纹碗 T5648G2：54

南朝至隋

口径 12.8、底径 5.5、高 8 厘米

可复原。方唇，口微敞，圆曲腹，饼足内凹，中部挖足成圈足状。灰胎，胎质较致密。青釉，哑光，内壁釉面粘连杂质。内壁施釉不及底，外壁施釉至下腹部。外壁口沿下部饰有一道弦纹，其下刻莲瓣纹，中间缝隙以一直线为界，莲瓣较瘦长。洪州窑产品。

22. 青釉莲瓣纹碗 T5648G2：48

南朝至隋

口径 12.8、底径 4.6、高 8 厘米

可复原。圆唇，口微敞，曲腹，饼足内凹。灰胎，胎质较致密。青釉，哑光，内壁施釉不及底，外壁施釉至下腹部。外壁口沿下部饰有一道弦纹，其下刻莲瓣纹，中间缝隙以一直线为界，莲瓣较瘦长。洪州窑产品。

23. 青釉莲瓣纹碗 T5648G2：49

南朝至隋

口径 12.8、底径 4.6、高 8 厘米

可复原。方唇，口微敞，曲腹，饼足内凹。灰胎，胎质较疏松。青釉，釉面光润，有大量开片。内壁施釉不及底，外壁施釉至下腹部。外壁口沿下饰一道弦纹，腹部刻仰莲瓣纹。洪州窑产品。

24. 青釉莲瓣纹碗 T5044G2：162

南朝至隋

口径 13、底径 4.6、高 7.8 厘米

可复原。方唇，直口，圆曲腹，圆饼足内凹。灰胎，胎质致密。青釉，釉面光润，有密集开片。内外壁均施釉至腹部。外壁口沿下饰一道弦纹，其下饰莲瓣纹。洪州窑产品。

25. 青釉盏 TG11G5：574

东晋

口径 8.2、底径 5、高 3.4 厘米

可复原。圆唇，敛口，曲腹较浅，圆饼足较矮。
浅灰胎，胎质较致密。青釉，釉色较深，施釉均匀，
釉层较厚。通体施釉。岳州窑产品。

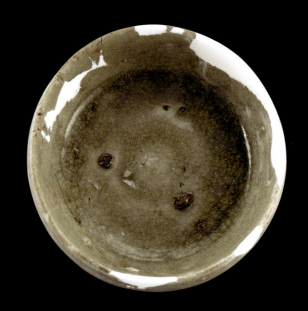

26. 青釉盏 T8154G5：445

不晚

口径 8.8、底径 6、高 4 厘米

可复原。圆唇、敛口、弧曲腹、腹内底微鼓、
大圈折足、灰白胎、胎质较致密。青釉、釉面光润、
有密集月片。通体施釉、腹内底和外底有露胎
色褐釉、内外底均有多道轮。品相窑产品。

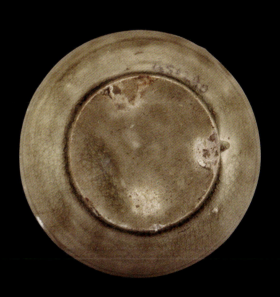

27. 青釉盏 TG11G5：290

东晋

口径 8.2、底径 5、高 3.4 厘米

口沿稍残，尖圆唇，敛口，浅曲腹，腹壁圆鼓，大圆饼足。浅灰胎，胎质较致密，胎壁较厚。青釉，釉面莹亮，有细碎开片，施釉不匀，内底及外腹壁积釉处呈深绿色。通体施釉，外腹壁饰两道凹弦纹。外底处有垫烧痕。岳州窑产品。

28. 青釉盏 T8156J84：1

东晋

口径 9.2、底径 4.2、高 3.4 厘米

口稍残。圆唇，直口微敛，浅曲腹，腹上部竖直，腹下部斜直内收，小平底略内凹。浅灰胎，胎质较致密。青釉，釉面光润，局部有开片和流釉。内壁施满釉，外壁施釉至下腹部。内底刻圆，外口沿下方有一道凹弦纹。越窑产品。

29. 青釉盏 T8154G5：424

东晋

口径 8.8、底径 6.8、高 4 厘米

可复原。尖圆唇，敛口，曲腹，腹微鼓，大平底。灰胎，胎质疏松。青釉，釉面莹亮，局部有开片，施釉不匀，内底及外腹壁积釉处呈深绿色。通体施釉。外口沿下方有一道凹弦纹。外底部有三处支钉痕迹。岳州窑产品。

30. 青釉盏 T7558G6：4

东晋

口径 8.4、底径 5、高 4 厘米

口沿稍残。圆唇，直口，浅曲腹，圆饼足，修足规整。浅灰胎，胎质较疏松。青釉，釉面光润，有大量开片。内壁施满釉，外壁施釉至下腹部。内底刻圆，外壁口沿下方有一道凹弦纹。内底有三处支钉痕。洪州窑产品。

31. 青釉盏 T8154G5：417

东晋

口径 8、底径 5.6、高 3.2 厘米

圆唇，敞口，斜直腹较浅，平底。灰胎，胎质疏松。青釉，釉面光润，局部流釉，釉面有黑色斑点。内壁施满釉，外壁施釉至腹下部。口沿一圈刮釉，外口沿下方有一道凹弦纹。洪州窑产品。

32. 青釉盏 TG11G5：298

东晋

口径 9.4、底径 6、高 3.6 厘米

圆唇，直口，浅曲腹，大圆饼足。灰胎，胎质致密。青釉泛黄，哑光，有细碎开片，施釉不匀，有流釉现象。内壁施满釉，外壁施釉至下腹部。内底大刻圆，外壁口沿下饰一道凹弦纹。内底有三处支钉痕。岳州窑产品。

33. 青釉盏 T8154G5：472

东晋

口径 11.2、底径 6.6、高 4 厘米

圆唇，直口，浅曲腹，大平底。灰胎，胎质致密。青釉泛白，
釉面光润，内壁有开片和少量杂质，外壁下腹有流釉现象。
内壁施满釉，外壁施釉至腹中部。内底中心刻圆，外口沿下
方饰一道凹弦纹。内底有数处支钉痕。洪州窑产品。

34. 青釉盏 TG15H215：1

东晋

口径 6.8、底径 4、高 2.5 厘米

口稍残，器形较小。圆唇，直口，腹上部竖直，下部斜直内收，平底。灰胎，胎质致密。青釉，釉色较深，釉面光润，局部流釉。内壁施满釉，外壁施釉至下腹部。外底有红色块状垫烧痕。德清窑产品。

平底内凹。灰胎，胎质致密，胎体厚重。深绿
色釉，施釉不均匀，有积釉、流釉现象。内壁
施满釉，外壁施釉至下腹部。内外底均有支烧
痕。越窑产品。

35. 青釉盏 TG1⑦：1

东晋

口径 10、底径 5.4、高 3.5 厘米

圆唇，直口，上腹壁较直，下腹壁斜直内收，

胎质较密。青釉微泛黄，釉面局部见细小开片，
施釉不匀，有流釉现象。内壁施满釉，外壁施釉至
下腹部。口沿饰褐色点彩。内底刻圆，外口沿下方
有一道凹弦纹。内底有支钉痕。洪州窑产品。

36. 青釉盏 T7954G5：514

东晋

口径 10、底径 5.8、高 4.4 厘米

口沿稍残。圆唇、直口、曲腹、腹微鼓、圆饼足。灰胎，
胎质较致密。青釉微泛黄，釉面局部见细小开片，
施釉不匀，有流釉现象。内壁施满釉，外壁施釉至
下腹部。口沿饰褐色点彩。内底刻圆，外口沿下方
有一道凹弦纹。内底有支钉痕。洪州窑产品。

37. 青釉盏 T5644G5：1251

东晋

口径 5.8、底径 3.2、高 2 厘米

器形较小。口微残，圆唇，敞口，腹上部竖直，下部斜直内收为平底。灰胎，胎质较疏松。青釉泛黄，木光。有积釉、流釉现象。内壁施满釉，外壁施釉至下腹部。

38. 酱釉盏 T7956G5：370

东晋

口径 8.8、底径 5.2、高 3.8 厘米

可复原。圆唇，直口，腹上部较直，下部斜直内收，平底内凹。砖红胎，胎质较疏松。酱釉，有剥釉现象。内壁施满釉，外壁施釉至下腹部。内底刻圆。德清窑产品。

39. 酱釉盏 T7556G5：32

东晋

口径 6、底径 4、高 2.5 厘米

圆唇，敛口，腹部斜直内收，平底。砖红胎，胎质较致密。酱釉，有剥釉、流釉现象。内壁施满釉，外壁施釉至下腹部。德清窑产品。

40. 青釉盏 TG18G5：593

东晋

口径 4.4、底径 2.4、高 1.8 厘米

器形较小。圆唇，敞口，腹部斜直内收，平底。灰胎，胎质较致密。青釉，釉面光润，密集小开片。内壁施满釉，外壁施釉至腹中部。

41. 青釉盏 T7456G5：12

东晋至南朝

口径8、底径5、高4厘米

口稍残。圆唇，直口，浅曲腹，圆饼足，修足规整。
浅灰胎，胎质较致密，胎壁较厚。青釉，釉面光润，
局部有开片和流釉。内壁施满釉，外壁施釉近足端。
内底有三处支钉痕。洪州窑产品。

42. 青釉盏 T8057 ⑥：1

东晋至南朝

口径 7.8、底径 4、高 3.4 厘米

口稍残。圆唇，敞口，斜曲腹，平底。灰黄胎，胎质较致密。青釉，釉色泛灰白，局部生烧，有流釉和剥釉现象。内壁施满釉，外壁施釉至腹中部。外壁口沿下有一道凹弦纹。洪州窑产品。

可复原。尖圆唇，敞口，浅曲腹，小圆饼足。浅灰胎，
胎质较致密。青釉，釉面莹亮，有大量开片。内壁
施满釉，外壁施釉至足端。岳州窑产品。

43. 青釉盏 T7756G5：336

南朝

口径 8、底径 3.2、高 4 厘米

可复原。尖圆唇，敞口，浅曲腹，小圆饼足。浅灰胎，
胎质较致密。青釉，釉面莹亮，有大量开片。内壁
施满釉，外壁施釉至足端。岳州窑产品。

44. 青釉盏 TG18 ⑥：11

南朝

口径 7.6、底径 4.2、高 4.5 厘米

口沿稍残。圆唇，直口，腹部圆曲，圆饼足，足端外撇。浅灰胎，胎质致密。青釉泛黄，釉面较多杂质粘连。内壁施满釉，外壁施釉近足端。

45. 青釉盏 T5444J159：2

南朝

口径 9、底径 4.4、高 4.2 厘米

可复原。尖圆唇，直口，浅曲腹，圆饼足。浅灰胎，胎质较疏松。青釉泛黄，釉面光亮，有大量开片。内壁施满釉，外壁施釉至下腹部。

46. 青釉盏 T8058 ⑥：3

南朝

口径 9、底径 3.8、高 4.7 厘米

口稍残。圆唇，敞口，曲腹，圆饼足。浅灰胎，胎质较疏松。青釉泛黄，釉面莹亮，有大量开片，内外壁见流釉和积釉。内壁施满釉，外壁施釉至足端。洪州窑产品。

47. 青釉盏 T5642 ⑥:15

南朝至隋

口径 8、底径 3.8、高 3.6 厘米

方唇，敞口，曲腹，下腹部折收为平台，圆
饼足。紫红胎，胎质疏松，有较多杂质。青釉，
釉面莹亮，有密集开片，局部见黑斑和流釉。
内外壁均施釉至腹中部。

48. 青釉盏 T5446G2：101

南朝至隋

口径 8.4、底径 3.4、高 4.2 厘米

圆唇，口微敛，曲腹，圆饼足。灰胎，胎质较致密。青釉，泛灰白，釉面开片，釉下有较多黑斑和杂质。内壁施满釉，外壁施釉至下腹部。施灰白色化妆土。洪州窑产品。

49. 青釉盘 T8154G5：483

东晋

口径 16、底径 13.9、高 2.2 厘米

可复原。圆唇，敞口，腹部斜直，浅腹，大平底。灰白色胎，胎体厚重，胎质致密。青釉微泛黄，有大量开片，内壁施满釉，外壁施釉至下腹部。内壁折腹处和盘心各饰一道弦纹。两组弦纹间有数处支钉痕。洪州窑产品。

50. 青釉盘 T8159J16：3

南朝

口径 14.4、底径 6.6、高 2.8 厘米

圆唇，敞口，浅曲腹，小平底略内凹。灰胎，胎质较疏松。青釉微泛黄，釉面光亮，有大量开片，局部见深绿色积釉。内壁施满釉，外壁施釉至下腹部。内底心刻圆。内外底均见四处支钉痕。洪州窑产品。

51. 青釉盘 TG17 ⑥：12

南朝

口径 13.8、底径 7.8、高 3 厘米

可复原。圆唇，敞口，浅曲腹，平底。灰胎，胎质致密。青釉泛黄，釉面光润，内底见深绿色积釉及开片。内壁施满釉，外壁施釉不及底。内底中心饰凹弦纹。内底盘心有四处支钉痕。洪州窑产品。

52. 青釉盘 TG18 ⑥：12

南朝

口径 13.8、高 2 厘米

可复原。圆唇，敞口，曲壁，腹极浅，平底。灰白胎，胎质较致密。青釉，釉面匀净，有大量开片。内壁施满釉，外施釉至下腹部。内底心刻小圆，外底划数道弦纹。

53. 青釉盘 T6754J98：1

南朝至隋

口径 14.2、底径 8.2、高 1 厘米

可复原。圆唇，敞口，曲壁，腹极浅，平底。浅灰胎，胎质致密。青釉，釉面莹亮，有大量开片，内底有深绿色积釉，外壁流釉。内壁施满釉，外壁施釉近足端。内侧近口沿处及外底中心各饰一道弦纹。岳州窑产品。

54. 青釉盘 T8152H196：4

南朝至隋

口径 12.8、底径 5.4、高 3.5 厘米

可复原。圆唇，敞口，浅曲腹，饼足，外底中部刻一圈凹槽。灰白色胎，胎质致密。青釉，釉面光润，有密集开片，内底有深绿色积釉，外壁流釉。内壁施满釉，外壁施釉至下腹部。内壁口沿下和内底各饰一道弦纹，盘心饰叶脉纹。岳州窑产品。

55. 青釉莲花纹盘 T7257 ⑥：1

南朝

口径 14.3、高 2.7 厘米

口沿稍残。敞口，浅曲腹，小平底微内凹。灰色胎，
胎体厚重，胎质较疏松。青釉，釉面较多杂质，有
大量开片，内底积釉，外壁流釉。内壁施满釉，外
壁施釉至底部。内壁口沿下饰弦纹，盘心外沿饰一
圈细弦纹，其内饰六子重瓣莲花纹，内有瓣脉。外
底有垫烧痕。洪州窑产品。

56. 青釉莲花纹盘 TG21G17：12

南朝至隋

口径 14.4、底径 7.6、高 3.8 厘米

可复原。圆唇，敞口，曲壁，浅腹，圆饼足。灰胎，胎质较疏松。青釉泛黄，局部开片。内壁施满釉，外壁施釉近足端。内侧口沿下饰一道弦纹，其内饰四子重瓣莲花纹，莲瓣较宽，内有清晰瓣脉。内、外底有四处支钉痕。洪州窑产品。

57. 青釉莲花纹盘 T5244G32：1

南朝至隋

口径 14.4、底径 6、高 3.8 厘米

可复原。圆唇，敞口，浅曲腹，腹上部竖直，下部斜直内收，圆饼足。浅灰胎，胎体厚重，胎质较致密。青釉，釉面光润，有大量开片。内壁施满釉，外壁施釉近足端。内壁口沿下饰有两道弦纹，盘心饰七子重瓣莲花纹，内有瓣脉。内底有三处支钉痕。洪州窑产品。

58. 青釉莲花纹盘 T5642 ⑥：1

南朝至隋
口径 13.4、底径 7、高 3.2 厘米

可复原。圆唇，敞口，曲壁，浅腹，圆饼足。灰胎，器底胎体厚重，胎质较疏松。青釉，釉面莹亮，有密集开片。釉面不匀，积釉处呈深绿色。内壁施满釉，外壁施釉近足端。内壁口沿下饰一道弦纹，其内饰六子重瓣莲花纹，莲瓣无脉。内底有支钉痕。洪州窑产品。

59. 青釉高足盘 TG6 ⑥：1

南朝

口径 12.9、底径 9.2、高 9.4 厘米

可复原。尖圆唇，敞口，斜直腹，近底处内折收为平底，喇叭状高足，足端外折平伸。灰色胎，胎质致密。青釉，釉面光亮，有细碎开片，内底折腹处有深绿色积釉。内壁施满釉，外壁施釉近足端。盘内壁折腹处及盘心饰两组弦纹。洪州窑产品。

60. 青釉高足盘 TG2G2：28

南朝

口径 13.6、底径 8.6、高 11 厘米

可复原。尖圆唇，敞口，斜直腹，近底处内折收为平底，喇叭状高足，足端外折平伸。灰色胎，胎质较致密。青釉微泛黄，釉面光亮，有密集开片，内底折腹处有深绿色积釉。内壁施满釉，外壁施釉至高足中部。岳州窑产品。

61. 青釉高足盘 TG11G2：65

南朝

口径 12.6、底径 10.4、高 11.3 厘米

可复原，盘口及高足稍残。尖圆唇，敞口，浅腹，腹壁斜直折收，内底平，喇叭状高足较高。灰胎，胎质较致密。青釉，釉面光亮，有密集开片，釉层较薄，局部有绿色积釉。内壁施满釉，外壁施釉至近足端。盘内底心戳印花纹。

62. 青釉高足盘 T7956H142：6

南朝

口径 13.4、底径 9、高 10.8 厘米

可复原。尖圆唇，敞口，浅腹，近底处内折收为平底，喇叭状高足，足端外折平伸。深灰胎，胎质较致密。青釉泛黄，釉面莹亮，有大量开片，釉面较多杂质。内壁施满釉，外壁施釉近足端。盘内底刻两组弦纹。洪州窑产品。

63. 青釉高足盘 TG7H135：1

南朝至隋

残口径 19、残高 3.6 厘米

高足残，仅存盘心部分。盘心内底平。灰胎，
胎质较疏松。青釉，釉面莹亮，有大量开片。
盘内戳印变形宝相花和树枝纹各五朵，均匀
环饰于内底心两道弦纹间，盘心戳印一处朵
花纹。岳州窑产品。

64. 青釉高足盘 T7360G2∶16

南朝至隋

口径 13.1、底径 8.5、高 6.1 厘米

可复原。尖圆唇，敞口，斜直腹，近底处折收为平底，喇叭状高足较粗矮，足端外折平伸。灰色胎，胎质较致密。青釉，釉面光润，有密集开片。内壁施满釉，外壁施釉近足端。盘内戳印三朵朵花纹和三朵变形宝相花，均匀环饰于内底两组弦纹间。洪州窑产品。

65. 青釉高足盘 T8257H111：2

南朝至隋

口径 13、底径 7.7、高 5.8 厘米

可复原。尖圆唇，敞口，浅曲腹，内底平，喇叭状高足较矮粗，足端外折平伸。灰黄胎，胎质较致密。青釉，釉面匀净。内壁施满釉，外壁施釉近足端。盘内口沿下饰一圈弦纹，内戳印花纹。洪州窑产品。

66. 青釉高足盘 T5640H172：2

南朝至隋

口径 12.4、底径 9、高 5.4 厘米

可复原。尖圆唇，敞口，斜直腹，近底处内折收为平底，喇叭状高足较矮粗，足端外折平伸。深灰胎，胎质较致密。青釉泛黄，釉面匀净。内壁施满釉，外壁施釉近足端。施灰白色化妆土。盘内底戳印五朵花朵纹，均匀环饰于内底两组弦纹间。洪州窑产品。

67. 青釉高足盘 T7259G2：94

南朝至隋

口径 13.3、底径 9.6、高 5.8 厘米

可复原。尖圆唇，敞口，斜直腹，近底处折收为平底，喇叭状高足较粗矮，足端外折平伸。浅灰色胎，胎质较致密。青釉泛黄，釉面光润，有细碎开片，局部积釉。内壁施满釉，外壁施釉近足端。盘内饰三组弦纹，盘心戳印五朵变形的宝相花，均匀环饰于内底两组弦纹间。洪州窑产品。

68. 青釉高足盘 TG2G2：42

南朝至隋

口径 12.8、底径 8.8、高 5.6 厘米

可复原。尖圆唇，敞口微侈，斜直腹，近底处折收为平底，喇叭状高足较粗矮，足端外折平伸。浅灰色胎，胎质较致密。青釉泛黄，釉面莹亮，有大量开片，局部积釉。内壁施满釉，外壁施釉至足端。盘内戳印三朵枝叶纹和三朵变形宝相花，均匀环饰于内底心一组弦纹外，弦纹内戳印一朵宝相花纹。洪州窑产品。

69. 青釉高足盘 T7260G2：109

南朝至隋

口径 11.6、残高 7.4 厘米

盘口及高足稍残。圆唇，敞口，浅腹，腹壁斜直折收，内底平，竹节状喇叭形高足。灰胎，胎质较致密。青釉，釉面光润，有大量开片。盘内戳印变形宝相花和树枝纹，各残存三朵，间隔环饰于盘心。

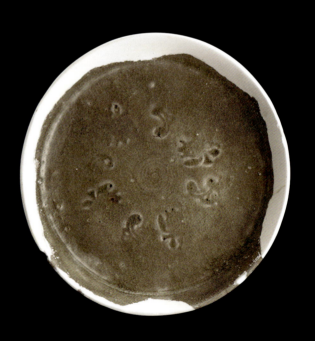

70. 青釉高足盘 T5846 ⑥：1

南朝至隋

口径 13.6、残高 3.2 厘米

盘口残，高足缺失。圆唇，敞口。灰胎，胎质较致密。青釉，釉面光润，有密集开片。内底戳印朵花纹，环饰于盘心弦纹外，纹饰不甚清晰。

71. 青釉高足盘 TG7 ⑥: 5

南朝至隋

口径 10.8、残高 1.8 厘米

盘口残，高足缺失。圆唇，侈口，斜直腹极浅，内底平。浅灰胎，胎质较致密。青釉，釉面莹亮，有密集开片。盘内底中心戳印一个十瓣花朵，其外一圈弦纹，弦纹外饰一圈十四瓣点状花瓣。岳州窑产品。

72. 青釉高足盘 TG6G12：13

南朝至隋

口径 10、底径 6.3、高 7.2 厘米

盘口及高足残。尖唇，敞口，斜直腹极浅，内底平，高喇叭足。灰白色胎，胎质较疏松。青釉，釉面光润，有密集开片。内壁施满釉，外壁施釉近足端。盘内戳印忍冬花和圆圈纹，均匀环饰于内底心一道弦纹外，弦纹内戳印一处朵花纹。高足刻竖线纹。岳州窑产品。

73. 青釉罐 T7756G5 ： 203

东吴至西晋

口径 22.8、腹径 28、底径 14、高 19.6 厘米

可复原。方唇，大口微敞，矮领，斜溜肩，肩部置两个竖向半环形双复系，鼓腹，最大腹径位于腹上部，下部斜直内收，平底。灰胎，胎质致密。深绿色釉，哑光，釉面杂质较多。内壁施釉至颈部，外施釉至下腹部。肩部饰有一道凹弦纹。外底有粘连垫烧痕。越窑产品。

74. 青釉罐 TG15H215：2

西晋

口径 22.6、腹径 29.6、底径 13.8、高 28 厘米

可复原。圆唇，浅盘口，矮粗颈，圆溜肩，肩部置四个横向半环形系，系面饰叶脉纹，圆鼓腹，最大径在上腹部，平底。浅灰色胎，胎质致密。青釉微泛黄，釉面光润。内壁施釉至颈部，外壁施釉至足端。肩部饰数道弦纹。越窑产品。

75. 青釉罐 T8057J50：1

口径 12.4、腹径 18.2、底径 12.2、高 21.8 厘米

方唇，矮直领，溜肩，肩部置四个横向半环形系，深腹微鼓，
平底。褐色胎，胎质较疏松。青褐色釉，哑光，施釉不匀，
口沿一圈刮釉。内壁施釉至口沿，外壁施釉至腹中部。

76. 青釉罐 T7956G5：215

东晋

口径 10.4、腹径 16、底径 10、高 18 厘米

可复原。圆唇，矮直领，溜肩，肩部置四个横向半环形系，深腹微鼓，平底。灰褐色胎，胎质较疏松。青褐色釉，哑光，釉面有杂质。内壁施釉至口沿，外壁施釉至腹中部。

腹部，下腹壁内收，平底。灰胎，气孔较多。青釉，
釉面泛黄，哑光，施釉不匀，有流釉现象。内壁施
满釉，外壁施釉至下腹部。口沿饰一圈褐彩，肩部
饰两道凹弦纹。洪州窑产品。

77. 青釉罐 T7956G5：327

东晋

口径 19.4、腹径 27.8、底径 16.2、高 19.2 厘米

可复原。圆唇，矮领，溜肩，肩部对称间饰一组竖
向半环形双系和一组横向单系，鼓腹，最大径在上
腹部，下腹壁内收，平底。灰胎，气孔较多。青釉，
釉面泛黄，哑光，施釉不匀，有流釉现象。内壁施
满釉，外壁施釉至下腹部。口沿饰一圈褐彩，肩部
饰两道凹弦纹。洪州窑产品。

78. 青釉罐 TG1 ⑦：14

东晋

口径 9.8、腹径 6、底径 9.6、高 15 厘米

方唇，矮领，圆溜肩，肩部置四个横向半环形系，鼓腹，小平底，器形整体偏高。灰胎，胎质致密。青釉，釉面光润，局部有开片和流釉。内壁施釉至颈部，外壁施釉近足端。肩部三组弦纹间环饰两周连珠纹。

79. 青釉罐 T7456G5：17

东晋

口径 14、腹径 19、底径 11、高 13.4 厘米

可复原。圆唇，矮领，圆溜肩，鼓腹，肩部对称间饰一组竖向半环形双系和一组横向单系，最大径在上腹部，下腹壁内收，平底。浅灰胎，胎质较疏松。青釉微泛黄，釉面较多杂质。内壁施满釉，外壁施釉至下腹部。口沿饰一圈褐彩，肩部饰两道凹弦纹。洪州窑产品。

80. 青釉罐 T8356J107：2

南朝

口径 9、腹径 14.4、底径 7.6、高 12 厘米

口沿稍残。圆唇，矮领，圆溜肩，肩部置四个横向桥形系，鼓腹，平底。灰胎，胎质较疏松。青釉泛黄，有密集开片。内壁施满釉，外壁施釉近足端，施灰白色化妆土。肩部饰两道弦纹。

81. 青釉罐 T6046 ⑥：1

南朝

口径 14.5、腹径 18.8、底径 9、高 17.4 厘米

可复原。方唇，直领略高，溜肩，肩部对称间饰一组横向半环形双系和一组横向单系，圆鼓腹，小平底。灰胎，胎质致密，青釉，釉面光润，有细碎开片。内壁施釉至颈部，外壁施釉至下腹部。肩部饰两道凹弦纹。岳州窑产品。

82. 青釉罐 T6551 ⑥：1

南朝

口径 8.5、腹径 12.5、底径 9.1、高 14.5 厘米

圆唇，矮领，溜肩，肩部置四个横向半环形系，腹微鼓，
小平底略外撇，整体器形瘦长。浅灰胎，胎质较疏松。青釉，
釉面光润，局部见密集开片和流釉。内壁施满釉，器表除
底部皆施釉。肩部饰一道凹弦纹。洪州窑产品。

83. 青釉罐 T7758J67：3

南朝

口径 10.8、腹径 20.6、底径 12.2、高 19.4 厘米

可复原。圆唇，直领，溜肩，肩部对置横向桥形双系，
又对置单桥形系，鼓腹，平底，足端外撇。浅灰胎，
胎质较致密。青釉，釉面光润，有密集开片，局部见
积釉。内壁施釉至颈部，外壁施釉至下腹部。腹下部
饰一圈弦纹，其上饰有一圈仰莲纹。岳州窑产品。

84. 青釉小罐 TG1 ⑦: 2

西晋

口径 8、腹径 13.4、底径 6.8、高 8.8 厘米

可复原。圆唇，直领，圆溜肩，肩部两侧置两个竖
向半环形系，另两侧贴有铺首，扁圆鼓腹，下部斜
收，小平底。灰色胎，胎质致密。青釉，釉面光润，
局部生烧。内壁施满釉，外壁施釉近足端。肩部饰
两道弦纹，其间饰网格纹。越窑产品。

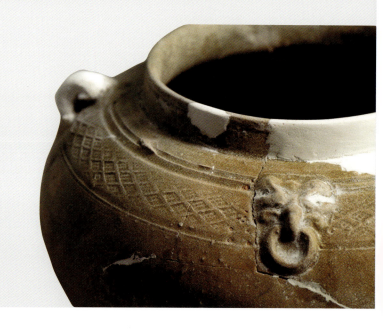

85. 青釉小罐 T7256G5：2

东晋

口径 8.4、腹径 13、底径 8、高 8 厘米

口沿稍残。圆唇，矮领，鼓肩，肩部附有四个横向半
环形系，鼓腹，下部急斜收，平底。灰胎，胎质较疏松。
青釉，哑光，局部有密集开片和流釉。内壁施釉至颈部，
外壁施釉至下腹部。肩部上方饰一道凹弦纹。

86. 青釉小罐 T8161J14：1

东晋

残口径 2、腹径 6、底径 3.2、高 5 厘米

口沿残，丰圆肩，肩部置两个竖向半环形系，圆曲腹，平底。灰胎，胎质较致密。青釉，釉面哑光，内部无釉，外壁施釉至下腹部。肩部饰有两道凹弦纹。

87. 酱釉小罐 T5956G17：38

东晋

口径 6、腹径 9、底径 5.6、高 7.2 厘米

可复原。圆唇，矮颈，圆溜肩，圆鼓腹，平底。灰胎，胎质较致密。酱釉，釉面哑光，施釉不匀。内壁施釉至口沿下，外壁施釉至下腹部。肩部饰一道凹弦纹。德清窑产品。

88. 青釉小罐 T6046H221：1

东晋

口径 6.8、腹径 12.6、底径 6、高 8.4 厘米

可复原。圆唇，直领，广肩，肩部置两个横向半
环形系，扁圆鼓腹，平底。灰胎，胎质较疏松。
青釉，釉面光润，有少量杂质，有大量开片。内
壁施满釉，外壁施釉至下腹部。洪州窑产品。

89. 青釉小罐 T7556G5：37

东晋

口径 10、腹径 14.4、底径 9.6、高 9 厘米

器身残。圆唇，矮领，丰肩，圆鼓腹，平底。两侧
置有竖向双系，现残缺。灰胎，胎质较致密。青釉，
生烧，釉面木光，有流釉现象。口沿一圈刮釉，内
壁施釉至口沿下，外施釉至下腹部。洪州窑产品。

90. 青釉小罐 T7956G5：100

东晋

口径 8.4、腹径 12.2、底径 8.6、高 9 厘米

可复原。圆唇，矮领，溜肩，肩部置四个横向半
环形系，圆鼓腹，最大径接近腹中部，平底。灰
白胎，胎质较致密。青釉，釉面光润，局部有开
片和流釉。内壁施釉至口沿下方，外施釉至下腹部。
肩部饰凹弦纹。洪州窑产品。

91. 青釉小罐 TG7J70：3

东晋

口径 7.2、腹径 12、底径 7、高 10.2 厘米

圆唇，矮领，丰肩，肩部置四个横向半环形系，鼓腹，最大径位于上腹部，下部斜收，平底。浅灰胎，胎质较疏松。青釉，釉面不匀，有密集开片，有剥釉和流釉现象。内壁施满釉，外壁施釉至下腹部。洪州窑产品。

92. 青釉小罐 T7758J67：2

东晋

口径 7、腹径 11.2、底径 6.4、高 8.2 厘米

口沿稍残。圆唇，矮领，丰圆肩，肩部置四个横向半环形系，鼓腹，平底。浅灰胎，胎质较疏松。青釉泛黄，哑光，有大量开片，局部裂缝处泛红。内壁施满釉，外壁施釉近足端。肩部饰两道凹弦纹。岳州窑产品。

93. 酱釉小罐 T8154G5：302

东晋

口径 7.8、腹径 12.2、底径 7.2、高 11 厘米

可复原。圆唇，矮直领，溜肩，肩部置四个横向半
环形系，鼓腹，平底。灰胎，胎质较致密。酱釉，
釉面哑光，有剥釉现象。内壁施釉至口部，外壁施
釉至下腹部。肩部饰有一道凹弦纹。露胎处呈现紫
红色。德清窑产品。

94. 酱釉小罐 T7756G5：858

东晋

口径 9、腹径 12.2、底径 6.4、高 10.4 厘米

器身残。尖圆唇，矮领，圆溜肩，肩部置两个
竖向半环形纽，鼓腹，下腹斜直内收，平底。
灰胎，胎质较致密。酱釉，釉面哑光，施釉不匀。
肩部饰有一道弦纹。德清窑产品。

95. 青釉小罐 T7455H80：5

南朝

口径 4.8、腹径 12、底径 5.2、高 8.6 厘米

可复原。尖唇，矮领，丰肩，肩部置四个横向半环形系，扁圆鼓腹，圆饼底，外底中部刻一圈凹槽。灰胎，胎质较疏松。青釉，釉面光润，有密集开片，莲瓣尖处积釉。内壁施釉至颈部，外壁施釉至下腹部。肩部饰两道弦纹，腹部浮雕莲纹。岳州窑产品。

96. 青釉广口罐 T7556G5：31

东晋

口径 16.8、底径 12.6、高 14.4 厘米

可复原。圆唇，大敞口内折成浅盘口状，圆鼓腹
较深，平底。浅灰色胎，胎质致密。青釉泛黄，
釉面光润，有密集开片。内壁施满釉，外壁施釉
至下腹部。口沿一周饰褐色点彩。洪州窑产品。

97. 青釉广口罐 T7956G5：158

东晋

口径 11.2、底径 8、高 7.6 厘米

可复原。圆唇，大敞口内折成浅盘口状，深鼓腹，平底。
褐色胎，胎质致密。青釉，釉色较深，木光，施釉不匀，
局部剥釉。内壁大部施釉，局部无釉，外壁施釉至
下腹部。口沿一周饰褐色点彩。洪州窑产品。

98. 青釉广口罐 TG11G5：297

东晋

口径 14.6、底径 9.2、高 9.4 厘米

可复原。尖圆唇，大敞口内折成浅盘口状，深
鼓腹，平底。浅灰色胎，胎质致密。青釉泛黄，
哑光，釉层较薄，局部开片。内壁施满釉，外
壁施釉至下腹部。口沿一周饰褐色点彩。外腹
饰一道弦纹。洪州窑产品。

99. 青釉双唇罐 **T8360J36 ： 5**

东晋

内口径 8、腹径 17.5、底径 11.6、高 15.6 厘米

口部残缺。外唇缺失，束颈，圆溜肩，肩部置四
个横向半环形系，圆鼓腹，平底。灰白胎，胎质
较致密。青釉，釉面光润，施釉不匀，有流釉现象。
内壁施釉至口沿，外壁施釉至下腹部。外壁肩部
饰一道弦纹。

可复原。圆唇，内唇高于外唇，敞口，微束颈，圆溜肩，肩
部置四个竖向半环形系，圆鼓腹，圆饼底，底足外撇。灰胎，
胎质较致密。青黄釉，木光，施釉不匀，有流釉现象。内壁
除口沿余皆不施釉，外壁施釉至足端。

100. 青釉双唇罐 T7252J30：7

南朝

内口径 8.4、外口径 14.8、腹径 19.2、底径 12.4、高 20 厘米

可复原。圆唇，内唇高于外唇，敞口，微束颈，圆溜肩，肩
部置四个竖向半环形系，圆鼓腹，圆饼底，底足外撇。灰胎，
胎质较致密。青黄釉，木光，施釉不匀，有流釉现象。内壁
除口沿余皆不施釉，外壁施釉至足端。

101. 青釉钵 T6046H225：8

西晋

口径 15.4、底径 7.2、高 5.6 厘米

圆唇，敞口，腹上部较竖直，下腹斜直内收，平底。灰胎，胎质较致密。青釉，釉面光润，局部开片和积釉，釉面较多杂质。内壁施满釉，外壁施釉至下腹部。内底刻圆，外壁口沿下饰两道弦纹，其间戳印网格纹。越窑产品。

102. 青釉钵 T5844H207：3

西晋

口径 15.4、底径 7.2、高 5.6 厘米

可复原，器身残。圆唇，直口，腹上部竖直，下部斜直内收，平底内凹。灰胎，胎质致密。青绿釉，哑光。内壁施满釉，外壁施釉至下腹部。内底刻圆，外壁口沿下饰凹弦纹，其下饰一周竖线纹装饰带，其上戳印连续方格纹，内饰花卉纹。德清窑产品。

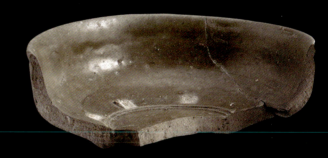

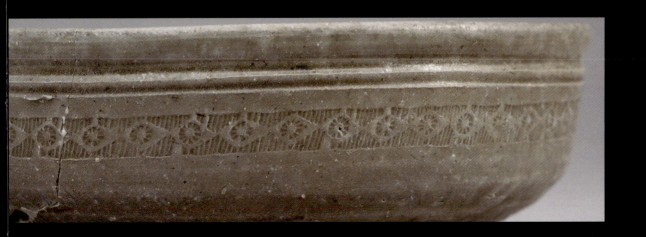

103. 青釉钵 TG1 ⑦∶11

西晋至东晋

口径 12.6、底径 5.7、高 4.4 厘米

圆唇，敞口，腹较浅，腹上部较直，下部斜直内收，平底微内凹。灰胎，胎质较致密。青釉，釉面光润，施釉不匀，釉面粘连较多杂质。内壁施满釉，外壁施釉至腹底端。外壁口沿下饰一道凹弦纹。内外底均有多处支烧痕。越窑产品。

104. 青釉钵 TG15H210：4

西晋至东晋

口径 15.4、底径 7.8、高 5.6 厘米

可复原。圆唇，敞口，腹上部较直，下部斜内收，平底微内凹。浅灰胎，胎质较致密。青釉，哑光，釉面较多杂质粘连。内壁施满釉，外壁施釉至下腹部。外壁口沿下饰一道凹弦纹，其下饰一圈网格纹带。内底有八处支钉痕。越窑产品。

南京六朝长干里出土瓷器精萃

105. 青釉钵 TG15H210：3

西晋至东晋

口径 12.6、底径 8.4、高 6 厘米

圆唇，口微敞，腹上部较直，下部斜曲内收，饼足微内凹。灰胎，胎质较疏松。青釉，釉面光润，釉面少量杂质。内壁施满釉，外壁施釉近足端。外壁口沿下饰数道弦纹。内底有八处支钉痕。外底泛红，且有数处泥点痕迹。德清窑产品。

106. 青釉钵 T7956G5：113

东晋

口径 11、底径 6.4、高 5 厘米

器身残。尖圆唇，曲腹，饼足。灰胎，胎质致密。青釉，釉面莹亮。有大量开片，局部积釉。通体施釉。内底刻圆，外壁饰多道弦纹。内外底均可见支烧痕。岳州窑产品。

107. 青釉钵 TG1 ⑦ : 15

东晋

口径 18.8、底径 9.8、高 7.2 厘米

圆唇，直口，腹上部较直，下部斜直内收，平底。
砖红胎，胎质较致密。青釉，釉面光润，釉
面较多杂质。内壁施满釉，外壁施釉至下腹部。
内底刻圆，外壁腹上部饰凹弦纹。内底有数
处支钉痕。越窑产品。

108. 青釉钵 T8361G20：2

东晋

口径 15.6、底径 12、高 5.8 厘米

圆唇，直口微敞，腹部斜直微曲，大平底。浅灰胎，
胎质较疏松。青釉泛白，木光，有密集开片，施釉不
均匀，有流釉现象。内壁施满釉，外壁施釉至下腹部。
外壁口沿下方饰一道凹弦纹。洪州窑产品。

109. 青釉钵 T7956G5：140

东晋

口径 18.2、底径 10.4、高 6.2 厘米

可复原。圆唇，直口微敛，腹上部微鼓，下部斜直内收，平底。砖红胎，胎质较致密。青黄釉，哑光，釉面少量杂质。内壁施满釉，外壁施釉至下腹部。外壁口沿下方饰一道凹弦纹。内底有齿状支钉痕。

110. 青釉钵 T5756G17：14

东晋

口径 16、底径 9、高 7.6 厘米

可复原。圆唇，口部微敛，腹上部微鼓，下部斜内收，腹较深，平底微内凹。砖红胎，胎质较致密。青釉，木光，有剥釉、流釉现象。内壁施满釉，外壁施釉至下腹部。口部饰一周褐色点彩，小而密，口沿下饰一道凹弦纹，腹上部饰黑斑褐彩。德清窑产品。

111. 青釉钵 T7954G5：727

东晋

口径 15、底径 10.2、高 7.4 厘米

可复原。圆唇，敛口，圆曲腹，矮饼足。浅褐胎，
胎质较疏松。青釉泛黄，釉面光润，局部有流釉。
内壁施满釉，外壁施釉至足端。口沿下饰一道凹弦纹。
内外底有支烧痕。德清窑产品。

112. 青釉钵 T8154G5：468

东晋

口径 16.8、底径 10.8、高 6.6 厘米

可复原。尖圆唇，敞口，圆曲腹，大圆饼足。灰胎，胎质较疏松。青釉微泛黄，釉面匀净光润，有细碎开片。内外施满釉。内外底有齿状支钉痕。岳州窑产品。

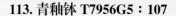

113. 青釉钵 T7956G5：107

东晋

口径 14.8、底径 9.2、高 5.8 厘米

口沿稍残。圆唇，直口，圆曲腹，大圆饼足。灰黄胎，胎质较疏松。青釉泛黄，釉面光亮，有密集开片。内壁施满釉，外壁施釉近足端。外壁口沿下方饰一道凹弦纹。内底有支钉痕。洪州窑产品。

114. 青釉钵 T7856G5：530

东晋

口径 15.8、底径 10.6、高 6 厘米

可复原。尖圆唇，直口微敞，圆曲腹，大圆饼足。灰胎，胎质较致密。青釉，釉面光润，施釉不匀，局部有开片和流釉。内外施满釉。外壁口沿下方饰一道凹弦纹。内外底有齿状支钉痕。岳州窑产品。

115. 青釉钵 T7856G5：1047

东晋

口径 11.4、底径 8.5、高 5.4 厘米

可复原，器身残。圆唇，敛口，浅曲腹，大平底。灰胎，胎质致密。青釉，釉面光润，有细碎开片。器身通体施釉。内底大刻圆，有三处支钉痕，外底有数处支钉痕。岳州窑产品。

116. 青釉钵 T7656G5：572

东晋

口径 14.4、底径 8.6、高 5.4 厘米

圆唇，敞口，腹部微曲，大圆饼足。浅灰胎，胎质较疏松。青釉泛灰，哑光，局部密集开片。内壁施满釉，外壁施釉至下腹部。口沿饰一圈密集褐色点彩，外壁口沿下饰一道凹弦纹。内底有八处支钉痕。洪州窑产品。

较疏松。青釉，釉面光润，有密集开片，有流釉和
积釉现象。内壁施满釉，外施釉至下腹部。口沿饰
一圈密集褐色点彩，外壁口沿下饰一道凹弦纹。内
底有八处支钉痕。洪州窑产品。

117. 青釉钵 TG11G5：263

东晋

口径 19.6、底径 13.4、高 6.4 厘米

圆唇，敞口，腹部微曲，大圆饼足。浅灰胎，胎质
较疏松。青釉，釉面光润，有密集开片，有流釉和
积釉现象。内壁施满釉，外施釉至下腹部。口沿饰
一圈密集褐色点彩，外壁口沿下饰一道凹弦纹。内
底有八处支钉痕。洪州窑产品。

118. 青釉钵 TG1G5：9

东晋

口径 16、底径 10.6、高 5.8 厘米

可复原，器身残。圆唇，敛口，浅曲腹，圆饼足较大。灰胎，胎质致密。青釉，釉面光润，有细碎开片，局部积釉。器身通体施釉。内底大刻圆。外壁口沿下饰一道凹弦纹。内外底均有数处支钉痕。岳州窑产品。

119. 青釉钵 T7756G5：860

东晋

口径 15.8、底径 10.8、高 7.2 厘米

可复原，器身残。尖圆唇，直口，腹上部较竖直，下部圆曲内收，圆饼足，足沿内一圈凹槽。灰胎，胎质致密。青釉，釉面光润，有细碎开片，局部积釉。器身通体施釉。内底大刻圆。内外底均有数处支钉痕。岳州窑产品。

120. 青釉钵 T7656G5：58

东晋

口径 23.4、底径 15.8、高 8.4 厘米

可复原。器形较大。圆唇，敞口，曲腹，大平底。灰胎，胎质致密。青釉泛黄，哑光，釉层多有剥落。内壁施满釉，外壁施釉至下腹部。内底大刻圆，口沿处饰一圈褐色点彩，点彩小而密。内底有数处支钉痕。洪州窑产品。

121. 青釉钵 TG11G5：299

东晋

口径 18、底径 12.6、高 6.4 厘米

圆唇，敞口，腹壁斜直，大平底。灰胎，胎质
较致密。青釉泛黄，釉面光润，局部开片，外
腹壁有流釉。内壁施满釉，外壁施釉至下腹部。
内底大刻圆，外壁口沿下刻一圈凹槽，口沿饰
一周褐色点彩。洪州窑产品。

122. 青釉钵 T8161J6 ： 3

东晋

口径 17、底径 10、高 8.6 厘米

圆唇，敛口，圆曲腹，大圆饼足。灰胎，胎质致密。
青釉微泛黄，釉面光润匀净，有细碎开片。器身通体
施釉。口沿下方饰凹弦纹，腹部饰数道凹弦纹，其上
贴塑三个铺首。口沿和外足沿均见多处垫烧痕。

123. 青釉钵 T8154G5：457

东晋

口径 19.4、底径 12.6、高 7 厘米

圆唇，敞口，腹部微曲，大圆饼足。浅灰胎，胎质
较疏松。青釉微泛黄，哑光，有密集开片，有流釉
和积釉现象。内壁施满釉，外施釉至下腹部。口沿
饰一圈密集褐色点彩，外壁口沿下饰一道凹弦纹。
内底有八处支钉痕。洪州窑产品。

124. 青釉钵 TG18 ⑥: 8

东晋至南朝

口径 15.6、底径 11.4、高 6.6 厘米

可复原。尖圆唇，敞口微侈，腹部斜直，大平底。浅灰胎，胎质较致密。青釉，釉色较深，哑光，釉面较多杂质。内壁施满釉，外壁施釉至足端。外腹壁饰数道凹弦纹。德清窑产品。

125. 青釉钵 TG15H209 : 7

南朝

口径 15.8、底径 4.6、高 10.4 厘米

可复原。圆唇，敛口，圆鼓腹，腹较深，圜底微内凹。黄褐胎，胎质较致密。青釉泛黄，釉面光亮，有密集开片。内壁施满釉，外壁施釉至下腹部。外壁口沿下方饰有两道凹弦纹。岳州窑产品。

胎质较致密。青釉泛黄，釉面光亮，有密集开片。
内壁施满釉，外壁施釉至下腹部。外壁口沿下和腹
部各饰一组凹弦纹。岳州窑产品。

126. 青釉钵 TG15H209：6

南朝

口径 14.4、高 10.2 厘米

可复原。圆唇，敛口，圆鼓腹，腹较深，圜底。黄褐胎，

127. 青釉钵 T7360G2：162

南朝至隋

口径 11.2、底径 4、高 4 厘米

可复原。尖圆唇,敞口微敛,腹上部略圆鼓,下腹斜收,平底。紫红色胎,胎质较致密。青釉泛黄,釉面光润,有密集开片。内壁施满釉,外壁施釉至下腹部。施灰白色化妆土。内底中心一组同心圆外残存两朵枝叶纹饰。洪州窑产品。

128. 青釉钵 T8257H111：3

南朝至隋

口径 13.6、底径 4.2、高 5 厘米

可复原。尖圆唇,敞口,腹部圆曲,平底,周围刻一圈凹槽。褐色胎,胎质较致密。青釉泛黄,密集大开片。内壁施满釉,外壁施釉至下腹部。施灰白色化妆土。内壁布满戳印纹饰。内底心一组同心圆内饰一朵花纹,同心圆外间隔环饰朵花纹和花瓣纹各五个,其外围饰团菊纹和树枝纹各五个,间隔环布在口沿弦纹内。洪州窑产品。

129. 青釉杯 T5446G2：105

南朝

口径 8.6、底径 3、高 5 厘米

可复原。尖圆唇，直口，圆曲腹，腹上部较直，下部斜曲内收，圆饼足内凹。褐色胎，胎质较疏松。青釉，木光，釉面有少量杂质。内壁施满釉，外壁施釉至下腹部，口沿外饰一道弦纹。洪州窑产品。

130. 青釉杯 TG15H209：8

南朝

口径 7.2、底径 3、高 5 厘米

可复原。圆唇，直口微敛，圆鼓腹，圆饼足，
足端微外撇。浅灰色胎，胎质较疏松。青釉泛
黄，釉面莹亮，有大量开片，有积釉、流釉现象。
内壁施满釉，外壁施釉至下腹部。

131. 青釉杯 T7260G2：8

南朝至隋

口径 8.2、底径 3、高 5.6 厘米

可复原。尖圆唇，直口微敛，圆曲腹，圆饼足微内凹。灰胎，胎质较疏松。青釉，釉面莹亮，有大量开片。内壁施满釉，外壁施釉至下腹部。施灰白色化妆土。洪州窑产品。

132. 青釉杯 TG2G2：87

南朝至隋

口径 5.4、底径 2.8、高 5.7 厘米

可复原。圆唇，敛口，圆鼓腹，圆饼足微内凹。灰胎，
胎质较疏松。青黄釉，哑光，釉层较薄，釉面较多杂质。
内壁施满釉，外壁施釉至下腹部。口沿饰一道弦纹，
腹部间隔环饰篦划的竖条纹和朵花纹。岳州窑产品。

133. 青釉杯 T7257J85：6

南朝至隋

口径 8.4、底径 3.2、高 6.2 厘米

可复原。方唇，直口，圆曲腹，腹上部较直，
下部斜收，小圆饼足。褐色胎，胎质较为疏松。
青釉，釉面光润，有密集开片。内壁施满釉，
外壁施釉至下腹部。

134. 青釉杯 T7257J85：5

南朝至隋

口径 8.2、底径 3.2、高 6.6 厘米

可复原。方唇，直口，斜曲腹，圆饼足。浅灰胎，胎质
较致密。青釉，釉面莹亮，有密集开片，有积釉、流釉
现象。内壁施满釉，外壁施釉至下腹部。岳州窑产品。

135. 青釉杯 T5956G17：20

南朝至隋

口径 9.1、底径 3.2、高 6 厘米

可复原。方唇，直口，圆曲腹，腹上部较直，下部斜曲内收，圆饼足微内凹，足端微外撇。褐色胎，胎质较致密。青釉，局部泛黄，釉面莹亮，有密集开片。内壁施满釉，外壁施釉至下腹部。外壁口沿下饰凹弦纹。

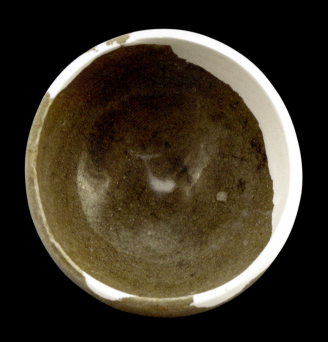

可复原。方唇，口部微内敛，圆曲腹，下部急
收，圆饼足内凹。浅灰胎，胎质较疏松。青釉，
釉面光润，局部有开片和流釉。内壁施满釉，
外壁施釉至腹中部，丘州窑产品

136. 青釉杯 TG6 ⑥：3

南朝至隋

口径 7.6、底径 2.8、高 5.6 厘米

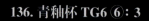

137. 青釉杯 T7257J85：9

南朝至隋
口径 9、底径 3.4、高 6.1 厘米

口沿稍残。方唇，直口，圆曲腹，腹上部较直，下部斜收，圆饼足。浅灰胎，胎质较为疏松。青釉泛黄，釉面莹亮，有密集开片，有积釉、流釉现象。内壁施满釉，外壁施釉至下腹部。

138. 青釉杯 TG6G12：1

南朝至隋

口径 8.8、底径 4、高 5 厘米

可复原。圆唇，敞口，斜曲腹，圆饼足。灰胎，胎质较疏松。青釉泛黄，釉面光润，有大量开片。内壁施满釉，外壁施釉至下腹部。施灰白色化妆土。洪州窑产品。

139. 青釉杯 T8354 ⑥：1

南朝至隋

口径 6.6、底径 2.8、高 5 厘米

方唇，直口，曲腹，上腹竖直，下腹圆曲内收，圆饼足，足端微外撇。褐色胎，胎质较疏松。青釉泛黄，釉面光润，有密集开片。内壁施满釉，外壁施釉至下腹部，外壁口沿饰凹弦纹。

140. 青釉杯 TG21G2：40

南朝至隋
口径 8、底径 3、高 6.4 厘米

可复原。尖圆唇，直口，曲腹，上腹竖直，下腹圆曲内收，
圆饼足。灰胎，胎质较疏松。青釉，釉色光亮，有大量开
片，釉下界线处积釉呈深绿色。内壁施满釉，外壁施釉至
下腹部。外壁口沿下饰一道弦纹。岳州窑产品。

141. 青釉杯 T5956G17：21

南朝至隋

口径 7.3、底径 3、高 4.7 厘米

可复原。圆唇，直口微敞，圆曲腹，腹上部较斜直，下部圆曲内收，小圆饼足，中部刻一凹槽。浅灰胎，胎质较疏松。青釉泛黄，釉面莹亮，有密集开片，有积釉、流釉现象。内壁施满釉，外施釉至下腹部。内底心有一小刻圆。外壁口沿下饰凹弦纹。岳州窑产品。

142. 青釉杯 T8257H111：9

南朝至隋

口径 8.2、底径 3.2、高 6.2 厘米

可复原。圆唇，直口微敛，圆曲腹，圆饼足内凹，
足端微外撇。褐色胎，胎质较疏松。青釉泛白，
釉面莹亮，有大量开片。内壁施满釉，外壁施釉
至下腹部。施灰白色化妆土。

143. 青釉高足杯 TG7H135：3

南朝至隋

口径 9.6、足径 6.5、高 7.8 厘米

可复原。方圆唇，敞口，深腹，上腹部外倾，腹壁中微内弧收，喇叭状足，足端外折平伸。灰色胎，胎质较为致密。青釉泛黄，釉面光润，釉面较多杂质。内壁施满釉，外壁施釉至圈足中部。内侧口沿下饰凹弦纹。洪州窑产品。

144. 青釉高足杯 T5642 ⑥：10

南朝至隋
口径 10.3、足径 6.2、高 6.2 厘米

可复原。圆唇，敛口，曲腹较浅，似钵状，喇叭状足，足把较矮粗，足略外折平伸。灰色胎，胎质较为致密。青釉，哑光，局部有密集开片。内壁施满釉，外壁施釉近足端。内底一组弦纹外间隔环饰两种不同的花纹共六朵。洪州窑产品。

145. 青釉高足杯 T5446H316：1

南朝至隋

口径 11、足径 4.6、高 7.4 厘米

可复原。圆唇，敞口，曲壁，腹较深，似碗状，喇叭状高足，足外折平伸。灰白色胎，胎质较致密。青釉泛黄，釉面光亮，有密集开片。内壁施满釉，外壁施釉至高足中部。内侧近口沿处饰一组弦纹，内腹壁均匀间隔环饰忍冬花、圆圈纹及虚线半圆纹，内底心刻圆内饰宝相花。岳州窑产品。

146. 青釉砚台 T7354H67：1

东晋

口径 21、通高 5 厘米

可复原，砚堂及足部残。尖圆唇，子母口，浅腹，
砚面宽平，外腹壁残余一蹄状足，足上堆贴兽面纹
饰。深灰色胎，胎质较致密。青釉泛黄，釉面光润。
内底不施釉，余均施釉。外底周沿和中部各饰数道
凹弦纹。内底露胎处有数处支钉痕。越窑产品。

147. 青釉砚台 T8258J7：1

东晋

口径 14、底径 12.8、通高 3.2 厘米

可复原，口沿及足部残。圆唇，直口，浅腹，砚面宽平微凸，砚内周沿有浅凹槽，外壁下部塑凸棱一道，残余二蹄状足。浅灰色胎，胎质较疏松。青釉，釉面光亮，器身遍布开片。内外底不施釉，余均施釉。岳州窑产品。

148. 青釉砚台 T6754G5：852

东晋至南朝

口径 20、通高 2.6 厘米

残。尖圆唇，子母口，浅腹，砚面宽平。褐色胎，
因局部生烧，胎色呈外浅灰内深灰状。内底不施釉，
余均施釉，釉层剥落严重。德清窑产品。

149. 青釉砚台 TG4 ⑥：13

东晋至南朝

口径 28、残高 6.2 厘米

可复原，砚堂及足部残。圆唇，直口，浅腹，砚面宽平微凸，砚内周沿有浅凹槽，外腹壁中部塑一道凸棱，残余三蹄状足。灰白色胎，胎质较致密。青釉，釉面光亮，有细碎开片，施釉不匀，局部见深绿色积釉。内底不施釉，余均施釉。外底边沿饰两道弦纹。外底残余十处支钉痕。岳州窑产品。

砚内周沿有浅凹槽，外腹壁中部塑一道凸棱，
残余十七只蹄状足。浅灰色胎。青釉，釉色较深，
施釉不均匀，内底不施釉，余均施釉。

150. 青釉砚台 T7455H80：4

南朝至隋

口径 21.6、底径 21.2、残高 4.6 厘米

足稍残。圆唇，直口，浅腹，砚面宽平微凸，

外壁施釉至足端。越窑产品。

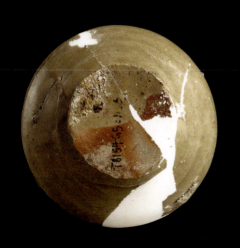

151. 青釉水盂 T8145G5：1136

东晋

口径 4.2、底径 4、高 4 厘米

可复原。敛口，圆溜肩，扁鼓腹，圆饼足。灰色胎，胎质较致密。青釉，釉面光亮，有密集开片。外壁施釉至足端。越窑产品。

152. 青釉水盂 T6046 ⑤：1

东晋至南朝

口径 6.6、底径 4、高 4 厘米

敛口，圆溜肩，扁鼓腹，平底。浅灰色胎。
青釉微泛黄，釉面光润。内壁施满釉，外
壁施釉近足端。洪州窑产品。

153. 青釉水盂 TG8H143：7

南朝至隋

口径 6、底径 3、高 5 厘米

可复原。敛口，圆溜肩，圆鼓腹，圆饼足内凹。灰色胎，胎质较致密。青釉泛黄，釉面光润，有密集开片。内壁施满釉，外壁施釉至下腹部。外腹壁中部饰一周短竖条纹。

154. 青釉器盖 TG7⑦: 5

东晋

直径 10.6、高 3.4 厘米

稍残。盖面上部微弧鼓，坡下斜直平伸，盖顶中部
有一半环形纽。子口凸出于盖口。浅灰胎，胎质较
疏松。青釉泛黄，釉面光润。盖面满釉，盖内不施
釉。盖面密布褐彩。盖面外沿饰一组凹弦纹。

155. 青釉器盖 T7557 ⑦: 1

东晋

直径 9、高 2.6 厘米

口沿稍残。盖面微弧鼓，坡度较缓，盖顶中部竖一半环形纽。子口凸出于盖口。浅灰胎，胎质较致密。青釉泛黄，釉面光润。盖面满釉，盖内不施釉。纽外围和盖口沿处各饰一组凹弦纹。洪州窑产品。

156. 青釉器盖 T7356G5：639

东晋

直径 9.4、高 2.5 厘米

器身稍残。盖面顶部为一平台，坡下斜直平伸，盖顶中部有一半环形纽，子口隐于盖内。灰黄胎，胎质较疏松。青釉泛黄，哑光。盖面满釉，盖内不施釉。盖顶和口沿处各饰一组凹弦纹。盖内近口沿处有细泥条垫烧痕。洪州窑产品。

157. 青釉器盖 T7456G5：190

东晋

直径 9.2、高 2.6 厘米

器身稍残。盖面顶部为一平台，坡下斜直平伸，坡较缓长，盖顶中部有一半环形纽，状似趴伏的小松鼠，子口凸出于盖口。灰白色胎，胎质较致密。青釉，哑光，有密集开片，局部有积釉。盖面满釉，盖内不施釉。口沿处饰一组凹弦纹。岳州窑产品。

158. 青釉器盖 T8154G5：1131

东晋

直径 13.6、残高 3.6 厘米

器身稍残。盖面顶部为一平台，坡下斜直平伸，坡较陡，盖顶中部纽残，子口凸出于盖口。褐色胎，胎质较致密。青黄釉，哑光。盖面满釉，盖内不施釉。盖面平台边沿及外口沿各饰一组弦纹，盖面饰褐彩，点彩大而稀疏。盖内一圈有泥点垫烧痕。德清窑产品。

159. 青釉器盖 T8154G5：569

东晋
直径 19、高 6.4 厘米

可复原。盖面微弧鼓，下部向下直折为子口，
盖顶中部有一伞状纽。浅灰胎，胎质较致密。
青釉，釉面光润，有密集开片。内外施满釉。
盖面纽周围饰有一组弦纹。

160. 青釉器盖 T5644G5：1281

东晋

直径 14.8、高 3 厘米

盖面顶部为一平台，坡下缓长平伸。盖顶中部有一半环形纽。子口凸出于盖口。灰胎，胎质较疏松。青釉泛黄，釉面光亮，有密集开片。盖面满釉，盖内无釉。盖面饰褐彩，点彩大而稀疏。洪州窑产品。

161. 青釉器盖 T7956G5：397

东晋

直径 12.4、高 3.4 厘米

器身残。盖顶面平，坡下斜直平伸，坡度缓长，盖顶中部
有一个花苞形纽，子口凸出于盖口。灰色胎，胎质较致密。
青釉泛黄，釉面光润，有密集开片。盖面满釉，盖内不施釉。
盖顶和口沿处各饰一组凹弦纹。

162. 青釉器盖 T7556G5：26

东晋

直径 8.8、高 2.8 厘米

盖面顶部为一平台，坡下缓长平伸。盖顶中部有一半环形纽。子口隐于盖内。灰胎，胎质较疏松。青釉泛黄，釉面光亮，局部有积釉。盖面满釉，盖内无釉。盖面饰三组褐色点彩。洪州窑产品。

163. 青釉器盖 T8154G5：486

东晋

直径 12.5、高 4.4 厘米

稍残。盖面顶部为一平台，坡下缓长平伸。盖顶中部有一半环形纽。子口隐于盖内。灰胎，胎质较疏松。青釉泛黄，釉面光润，局部有开片。盖面满釉，盖内施釉至子口。纽外围和盖口沿处各饰一组凹弦纹。盖面密布褐彩，点彩浅淡。

164. 青釉器盖 TG1G2：12

东晋至南朝

直径 7.6、残高 2 厘米

纽缺失。体量较小。盖面微弧，子口凸出于盖口。浅灰色胎。青釉泛黄，釉面有少量杂质。盖顶中部和口沿各饰两组凹弦纹，其间饰两圈戳印的连珠纹。洪州窑产品。

165. 青釉器盖 T8258J7：2

东晋至南朝

直径 7、高 2.5 厘米

口沿稍残。盖面弧鼓，盖顶中部有一半环形纽，子口隐于盖内。灰胎，胎质较致密。青釉，釉面光亮，有大量开片。盖面满釉，盖内不施釉。盖内有一圈垫烧痕。岳州窑产品。

166. 青釉器盖 TG2 ⑦：1

东晋至南朝

直径 9.8、高 4 厘米

伞状盖，中部凹陷处塑有一花苞形纽。灰白色胎，胎质致密。青釉，釉色匀净，有密集开片。盖面满釉，盖内施釉至口沿处。盖面中心纽向外至口沿处，分别饰菊瓣纹、一组弦纹和一周圆圈纹。岳州窑产品。

167. 青釉器盖 T7659 ⑥：1

东晋至南朝

直径 15.4、高 7.4 厘米

可复原。器形似倒置的钵，盖面中部有一半环形纽。盖面顶平，曲壁。灰色胎，胎质较为致密。青釉，哑光，施釉不匀，有细碎开片。内外施满釉。盖面中部纽周围饰一圈凹弦纹。盖顶和腹部连接处有五处泥点状垫烧痕。洪州窑产品。

168. 青釉器盖 T6754 ⑦：1

东晋至南朝

直径 11.4、高 3 厘米

纽缺失。盖顶为一平台，坡下斜直平伸，坡较陡，
子口隐于盖内。灰胎，胎质较致密。青釉泛黄，哑
光，釉面多处有乳浊斑点。盖面满釉，盖内不施釉。
盖顶和口沿处各饰一组凹弦纹。洪州窑产品。

169. 青釉器盖 T8159J16：5

东晋至南朝

直径 10.4、高 3 厘米

盖面微弧鼓，下部向下直折为子口，盖顶中部有一锯齿状方形纽。浅灰黄胎。青釉泛黄，釉面光润，有密集开片。外壁施釉不及口沿，内壁不施釉。盖内有一圈垫烧痕。

170. 青釉器盖 TG1 ⑥：1

东晋至南朝

直径 10.8、高 3.5 厘米

口沿稍残。盖面微弧鼓，盖顶中间竖一半环形纽。
子口凸出于盖口。砖红胎，胎质疏松。青釉泛黄，
哑光，有密集开片。盖面满釉，盖内不施釉。盖口
沿处饰两圈凹弦纹。洪州窑产品。

171. 青釉盘口壶 TG1 ⑦: 13

两晋

口径 12、腹径 15、底径 10.4、高 13.6 厘米

可复原。圆唇，浅盘口，大口，颈极矮，圆肩，肩部置四个横向半环形系，鼓腹，平底略内凹。黄色胎，胎质较致密。青黄釉，哑光，有细碎开片。内壁施釉至肩部，外壁施釉不及底。颈部下方饰有一圈连珠纹和一道凸弦纹，鼓腹处饰有一圈连珠纹和几何纹，纹饰浅淡。

172. 青釉盘口壶 T7855G5：526

东晋

腹径 24.6、底径 12.6、残高 26 厘米

颈部以上缺。丰肩，肩部两侧置竖向半环形双复系，圆曲腹较深，小平底。褐色胎，胎质疏松。青釉泛黄，釉面光润，局部有密集开片。外壁施釉近足端。施灰白色化妆土。肩部饰两道凹弦纹。德清窑产品。

173. 青釉盘口壶 T5659J15：8

东晋

口径 10、腹径 16.4、底径 10、高 18 厘米

尖圆唇，盘口，矮束颈，丰肩，肩部置四个横向半环形系，圆鼓腹，平底。砖红色胎，胎质较疏松。青釉，木光，釉面有少量窑变斑点及杂质。内壁施釉至壶口，流釉至颈部，外壁施釉至下腹部。肩部饰有一道凹弦纹。

174. 青釉盘口壶 T7556G5：36

东晋

口径 9.8、腹径 18.8、底径 12.8、高 18.4 厘米

可复原。尖唇，盘口，矮束颈，丰肩，肩部置两个桥形系，圆鼓腹，平底。浅灰胎，胎体轻薄。青釉泛黄，釉面局部有窑变斑点及杂质。内壁施釉至颈部，外壁施釉至下腹部。洪州窑产品。

175. 青釉盘口壶 TG17 ⑦：6

东晋

口径 10.2、腹径 18、底径 11.3、高 17.8 厘米

可复原。圆唇，盘口，矮束颈，丰肩，肩部置两个桥形系，圆鼓腹，平底。灰胎，胎质较稀疏。青釉泛黄，釉层较薄，釉面较多杂质。内壁施釉至颈部，外壁施釉至腹下部。肩部饰一道弦纹。洪州窑产品。

176. 黑釉盘口壶 T7557G6：9

东晋至南朝

残口径 4、腹径 9、底径 6、高 12.4 厘米

口沿残。盘口，颈部较细长，圆溜肩下折，肩部置两个竖向半环形系，筒形腹，下部斜直，平底。褐色胎，胎质较致密。黑釉，局部生烧，剥釉现象严重，局部有细碎开片。外壁施釉近足端。德清窑产品。

177. 青釉盘口壶 T8058J63：3

南朝

口径 12.2、腹径 16、底径 10、高 24.8 厘米

可复原。盘口，颈较细长，丰肩，肩部置四个横向桥形系，深曲腹，小平底。灰黄胎，胎质较致密。青釉泛黄，釉面光润，有细碎开片。内壁施釉至颈部，外壁施釉至腹中下部。洪州窑产品。

178. 青釉盘口壶 T7260G2：6

南朝

残口径 11.6、腹径 18.6、底径 13.2、残高 21 厘米

口残。盘口微敞，盘口下对称置两个半环形系，短粗束颈，丰肩，肩部一侧置两个竖向半环形双复系，另一侧置两个横向半环形系，圆曲腹，最大腹径在肩部，平底，足端外撇。黄色胎，胎质较疏松。青釉泛黄，生烧，剥釉现象严重。内壁施釉至颈部，外壁施釉至足端。

179. 青釉盘口壶 T5956G17：23

南朝

残口径 3.2、腹径 7.6、底径 5.2、高 11.6 厘米

口残。盘口较小，束颈，溜肩，肩部置四个横向半环形系，深腹呈橄榄形，圆饼足。浅灰色胎，胎质较疏松。青釉，釉面光润，有大量开片，有流釉现象。内壁施釉至口沿，外壁施釉至下腹部。肩部饰一道弦纹。岳州窑产品。

180. 青釉盘口壶 T8156J135：1

南朝至隋

残口径 4.2、腹径 9、底径 5.2、高 12.6 厘米

口沿残。器形较小。短束颈，圆溜肩，肩上置四个横向
半环形系，椭圆形深腹，圆饼足较高。灰白胎，胎质较
疏松。青黄釉，哑光，局部开片，施釉不均匀，釉面较
多杂质。内壁施釉至口沿，外壁施釉至下腹部。肩部饰
两道凹弦纹。岳州窑产品。

181. 青釉盘口壶 T8058J23：5

南朝至隋

口径 12.6、腹径 18.8、底径 10.6、高 26.2 厘米

可复原。盘口，竹节状颈，颈细长，丰肩，肩部置四个横向桥形系，球形腹，平底。灰白色胎，胎质较致密。青釉，釉面光亮，有密集开片，局部有流釉和积釉。内壁施釉至颈部，外施釉至下腹部。岳州窑产品。

182. 青釉盘口壶 T8258J7：4

南朝至隋

残口径 5.2、腹径 9、底径 5.8、高 12 厘米

口沿残。器形较小。短颈，圆溜肩，肩部置四个横向半环形系，圆鼓腹，腹部略呈下垂状，圆饼足微内凹。浅灰色胎，胎质较疏松。青釉，釉面莹亮，有密集开片，腹下部见深绿色积釉。口部内壁施釉，外部施釉至下腹部。肩部饰两道凹弦纹。岳州窑产品。

183. 青釉唾壶 T8154G5：479

东晋

残口径 10.4、最大腹径 18.4、底径 13.6、残高 14.2 厘米

盘口残，束颈，斜溜肩，扁鼓腹，大圆饼足。浅灰色胎，
胎质较为致密。青釉，哑光，施釉不匀，腹部及足部少
量剥釉。内壁施釉至颈部，外壁施满釉。底部有多处支
钉痕。

184. 黑釉唾壶 T7660 ⑥ : 1

东晋

最大腹径 16.2、底径 11.6、残高 10.2 厘米

口沿及颈部残。束颈，溜肩，扁鼓腹，圆饼足。紫红色胎，胎质较为致密。黑釉，哑光，局部有开片和流釉。外壁施釉近足端，内壁施釉至颈部。底部一圈垫烧痕。德清窑产品。

185. 青釉唾壶 T8154J81：1

东晋至南朝
口径 9、最大腹径 14.4、底径 11、通高 8.4 厘米

可复原。盘口，短束颈，溜肩，扁垂腹，圆饼足。
浅灰色胎，胎质较致密。青釉，木光，局部密集小
开片，釉层较薄，局部剥釉。内壁施满釉，外壁施
釉近足端。洪州窑产品。

186. 青釉唾壶 T8154G5：1259

东晋至南朝

最大腹径 20.8、底径 16.4、残高 13.8 厘米

盘口及器身残。束颈，溜肩，扁鼓腹，圆饼足。浅灰色胎，胎质较疏松。青釉，釉面光亮，有密集开片。内壁施满釉，外壁施釉近足端。岳州窑产品。

187. 青釉唾壶 T6953H19：5

南朝

最大腹径 13.8、底径 7.2、残高 8.4 厘米

口部及颈部残，溜肩，扁垂腹，下腹急斜收，圆饼足。灰白胎，胎质较疏松。青釉泛黄，釉面光润，有密集开片。内壁施满釉，外壁施釉不及底。

188. 青釉唾壶 TG17 ⑦∶7

南朝

口径 16.8、最大腹径 24.4、底径 19.6、通高 13.8 厘米

可复原。大盘口，短束颈，扁垂腹急斜收，大圆饼足，外底边沿刻一圈凹槽。浅灰胎，胎质较为致密。青釉，釉面光润，有密集开片，局部流釉。内壁施满釉，外壁施釉近足端。岳州窑产品。

189. 青釉唾壶 TG6 ⑥：4

南朝至隋

最大腹径 13.8、底径 11.4、残高 11 厘米

盘口残。短束颈，溜肩，圆球腹下部垂收，大圆饼足。
灰白色胎，胎质较致密。青釉泛黄，哑光，有密集开片，
下腹部有深绿色积釉。外壁施釉近足端。岳州窑产品。

190. 青釉龙柄壶 T7257J85：10

南朝

口径 10.6、腹径 22.6、底径 11.4、高 21.2 厘米

可复原。盘口，矮粗颈，圆肩，盘口与肩部之间置泥条龙首柄，另一侧置莲瓣状流，残。柄与流之间置对称竖向半环形系，下方贴塑铺首，圆球腹，平底略内凹。浅灰胎，胎质较疏松。青釉，釉面杂质较多，有密集开片。内壁施釉至颈部，外壁施釉近足端。肩部饰两道弦纹。

另一侧置鸡首，柄与鸡首之间置对称横向桥形系，圆鼓腹，平底。灰白胎，胎质致密。青黄釉，木光，局部开片和剥釉。内壁施釉至颈部，外壁施釉至下腹部。肩部饰有一道弦纹。洪州窑产品。

191. 青釉鸡首壶 T7556G5：30

东晋

口径 9.4、腹径 19.6、底径 13.8、高 21 厘米

可复原。盘口，细长颈，圆肩，盘口与肩部之间置柄，另一侧置鸡首，柄与鸡首之间置对称横向桥形系，圆鼓腹，平底。灰白胎，胎质致密。青黄釉，木光，局部开片和剥釉。内壁施釉至颈部，外壁施釉至下腹部。肩部饰有一道弦纹。洪州窑产品。

192. 青釉鸡首壶 T7556G5：115

东晋

口径 9.2、腹径 20.4、底径 11.2、高 21.4 厘米

可复原。圆唇，盘口，细长颈，圆溜肩，肩部
一侧置高冠长颈鸡首，另一侧置泥条曲柄，鸡
首与曲柄之间对称置两个横向桥形系，圆鼓腹，
平底。灰白胎，胎质较致密。青黄釉，木光，
釉层较薄。内壁施釉至颈部，外壁施釉至腹中
下部。肩部饰有一道弦纹。洪州窑产品。

193. 青釉鸡首壶 T7556G5：28

东晋

口径 6.8、腹径 15.4、底径 9、高 14.2 厘米

盘口残，柄和鸡首残缺。小盘口，筒形颈，圆
溜肩，盘口与肩之间应装有柄，另一侧鸡首残，
柄与鸡首之间置对称横向桥形系，圆鼓腹，平
底略内凹。灰胎，胎质致密。青釉，釉面光润，
有密集开片。内壁施釉至颈部，外壁施釉近足
端。盘口和肩部饰有弦纹。越窑产品。

194. 青釉鸡首壶 T7855G5：527

东晋

残口径 9、残高 19.6 厘米

仅存腹部以上。盘口残，筒形颈，圆肩，盘口与肩之间装有泥条状龙柄，另一侧鸡首残，柄与鸡首之间置对称横向桥形系，圆鼓腹。灰胎，胎质致密。淡青色釉，釉面匀净，有密集开片。内壁施釉至颈部，外壁残余处均施釉。肩部饰有一道弦纹。

195. 青釉鸡首壶 T7954G5：517

东晋

残口径 8、腹径 20、底径 13.4、残高 23 厘米

口残，流及柄缺。盘口，细长筒形颈，圆肩，口沿与肩之间应装有把手，另一侧鸡首残。柄与鸡首之间置对称横向桥形系，圆鼓腹，平底。灰胎，胎质较疏松。青釉，釉面光亮，施釉不匀，大量开片，有流釉现象。内壁施釉至颈部，外壁除足部局部无釉，余皆满釉。肩部饰有两道弦纹。岳州窑产品。

196. 青釉鸡首壶 T5659J15：3

东晋

口径 9.6、腹径 24.4、底径 14.6、高 23 厘米

鸡首及把手缺。尖唇，盘口，筒形颈，圆肩，口沿至肩部把手及另一侧鸡首均残。柄和鸡首之间置对称横向桥形系，圆鼓腹，腹略扁，平底。浅灰胎，胎质较致密，胎体轻薄。青釉，釉面光亮，有密集开片，釉面有少量杂质。内壁施釉至颈部，外壁施釉至下腹部。肩部饰一道弦纹。洪州窑产品。

197. 青釉熏炉 T6048 ⑦: 2

西晋至东晋早期

口径 11.2、底径 11、高 8.2 厘米

器形残缺，上部炉体残，仅存炉身下部及承柱部分。炉身，子母口，圆唇，腹较浅，外壁上下折腹处刻划两周不同方向弦纹，状似稻穗。下承筒形柱和承盘。筒形柱中空连接上部炉体。承盘钵状，折沿，斜直腹，平底。浅灰色胎。青釉，剥釉现象严重。托座外壁下部至外底部分未施釉，余均施釉。

198. 青釉熏炉 T7956G5：146

东晋

口径 7.2、底径 8、高 11 厘米

可复原。由熏炉和托座两部分组成。熏炉呈小罐状，圆唇，短颈，鼓腹，平底。上腹部环镂两层三角形孔。下承碗形托座，托座部分由碟形托口、筒形柱和托碗构成。托碗方唇，敞口，斜曲腹，平底。浅灰色胎。青釉，施釉不匀，局部开片。熏罐内底不施釉，托座内满釉，外壁施釉至壁中部。洪州窑产品。

199. 青釉熏炉 T7956G5：145

东晋

口径 8、底径 7.8、高 13.4 厘米

可复原。由熏炉和托座两部分组成。熏炉呈小罐状，圆唇，
短颈，鼓腹微垂，平底。上腹部环镂三至四层三角形孔。
下承碗形托座，托座部分由碟形托口、筒形柱和托碗构成。
托碗方唇，敞口，斜直腹，平底。浅灰色胎，胎质致密。青釉，
釉面光润，局部开片。托座外底不施釉，余均施釉。

200. 青釉熏炉 TG1G5：195

东晋

底径 8.4、残高 9.1 厘米

熏炉及托盘部分残。熏炉口沿残，鼓腹，平底。炉体下腹部残留环镂三角形孔痕。下承碗形托座，托座部分由碟形托口、筒形柱和托碗构成。托碗腹部残，尖圆唇，敞口，斜曲腹，平底。灰色胎，胎质较疏松。青釉，哑光，釉面有少量杂质。除托碗外壁施釉至腹中部，余皆施釉。洪州窑产品。

201. 青釉熏炉 TG1G5：91

东晋

口径 8.4、底径 12.8、高 14.2 厘米

可复原。由熏炉和托座两部分组成。熏炉呈小罐状，方唇，短颈，鼓腹，平底。腹部环镂月牙形和三角形孔，间隔分布，其中月牙形镂孔六处，三角形镂孔三处。下承盘形托座，托座部分由碟形托口、筒形柱和托盘构成。托盘圆唇，敞口，斜直腹，平底。浅灰色胎，胎质致密。青釉，釉面光润。托盘外底未施釉，余皆施釉。

202. 青釉狮形插器 T5642 ⑥：14

西晋

残长 18、宽 8.6、高 12.2 厘米

左后腹及背上圆管孔残。全器呈卧狮状，昂首瞠目，
张口露齿，颔下有须，背披鬃毛，自然下垂至腹部，
腹部两侧刻划羽翼，脊背上塑有一直筒形圆管，与腹
部相通。灰白色胎，胎质致密。青釉，釉面光润。器
表通体施釉。足部及腹底残留装烧痕迹。越窑产品。

203. 青釉瓶 T7756J40：3

南朝

口径 6.4、底径 7、高 27.2 厘米

口稍残。喇叭口，竹节状细长颈，深曲腹近橄榄形，圆饼足。灰白色胎，胎质致密。青釉，釉面莹亮，有密集开片，有流釉现象。内壁施釉至颈中部，外施釉至足端。肩部与下腹部分别饰覆莲纹和仰莲纹，中间填饰卷草纹。岳州窑产品。

204. 青釉瓶 TG24 ⑥：2

南朝

口径 2.6、底径 5.6、残高 11.8 厘米

口部缺。细长束颈，溜肩，椭圆形腹，圆饼足，外底刻一圈凹槽。灰白色胎，胎质较致密。青釉，釉面光润，有密集开片，有流釉现象。内壁施釉至口沿，外壁施釉至下腹部。肩部饰两道凹弦纹。岳州窑产品。

205. 青釉方形扁壶 T5656J15：6

西晋

长 22.8、宽 14.2、残高 20.5 厘米

口沿及颈部残。直口，短颈，折肩，肩部置对称半环形桥形立耳，扁筒形腹，长方形壶身，下承两个长条矮双足。褐色胎，胎质较为致密。青釉泛黄，木光，有剥釉现象。器身通体施釉，釉层较薄，腹中下部和底部有土沁。肩部饰有一道凹弦纹。越窑产品。

206. 青釉灯 T7252J30：11

西晋至东晋早期

口径 5.8、底径 7.8、高 6 厘米

仅存托座。托座由碟形托口、筒形柱和底座构成，底座形似盘。灰黄胎，胎质较疏松。青釉泛黄，哑光，托座外壁下部至外底部分及筒形柱内部未施釉，余皆施釉。

207. 青釉灯 T8154G5：484

东晋

口径 7.8、底径 9、高 5.2 厘米

仅存托座。托座由碟形托口、筒形柱和底座构成，底座器形似盘。灰黄胎，胎质较疏松。青釉泛黄，釉面光润，局部有细碎开片和积釉。托座外壁下部和外底部分未施釉，余均施釉。

208. 青釉灯 T8154G5：485

东晋

口径 12.3、底径 9.2、高 12 厘米

可复原。由灯盏和托座两部分组成。灯盏，圆唇，敞口，微鼓腹，腹较深，平底。外壁近口沿处饰两圈弦纹，内底中心饰一道凹弦纹。托座，由碟形托口、筒形柱和底座构成，底座形似浅腹钵。浅灰色胎，胎质致密。青釉，釉面光润，局部有细碎开片和深绿色积釉。托座外壁下部至外底部分未施釉，余皆施釉。

209. 青釉平底盘 T7455H80∶3

南朝

口径 14.2、底径 13.2、高 2.2 厘米

可复原。方唇，宽平沿，直口，浅腹，平底。灰白色胎，胎质较疏松。青釉，釉面莹亮，有大量开片。内壁施满釉，外壁施釉至腹中部。内底外沿饰一道凹弦纹，盘心刻圆。内底残留三处粘接痕迹。据观察上方原应有三足炉。岳州窑产品。

210. 青釉平底盘 T8058 ⑥：2

南朝

口径 14.2、底径 13、高 2 厘米

可复原。方唇，宽平沿，直口，浅腹，平底。米黄胎，胎质较致密。青釉泛黄，釉面莹亮，有密集开片。内壁施满釉，外壁施釉至腹中部。内底残留三处粘接痕迹。据观察上方原应有三足炉。洪州窑产品。

211. 青釉平底盘 TG17 ⑥：1

南朝

口径 14、底径 12、高 2 厘米

可复原。方唇，敞口，浅腹，平底。灰色胎，胎质较疏松。青釉泛黄，釉层较厚，有密集开片。内壁施满釉，外壁施釉至口沿下方。内底残留三处粘接痕迹。据观察上方原应有三足炉。洪州窑产品。

212. 青釉三足炉 T5354J23：2

南朝

口径 10、底径 6.4、残高 5.4 厘米

可复原。圆唇，敞口微侈，直壁，圆筒状深腹，平底。底沿附三个兽蹄形足，下部承接浅盘缺失。灰白色胎，胎质致密。青釉，釉面莹亮，有大量开片，局部积釉。洪州窑产品。

213. 青釉三足炉 TG4 ⑥：12

南朝

口径 10、底径 6、残高 5.4 厘米

可复原。尖圆唇，侈口，直壁，圆筒状深腹，平底。
底沿附三个兽蹄形足，下部承接浅盘缺失。灰白
色胎，胎质致密。青釉，釉面光润，有大量开片，
局部见积釉。洪州窑产品。

214. 青釉盏托 T7455H80：17

南朝

承盘口径 19.2、底径 10、残高 6.2 厘米

残。圆唇，敞口，浅曲腹，圈足。内底凸起一支座，
上部残，可能为一小盏。灰白色胎，胎质致密。青釉
泛黄，釉面莹亮，有密集开片。外壁施釉不及底。托
盘口沿内侧饰有弦纹。岳州窑产品。

215. 青釉盆 T8154G5：475

东汉中晚期至东吴

口径 26.2、底径 14.6、高 9.4 厘米

可复原。大口，圆唇，侈口，浅曲腹，下腹部圆曲内收，平底。褐色胎，胎质较疏松。酱青釉，釉面斑驳。内壁施满釉，外壁施釉至腹中部。内壁腹部和内底刻划水波纹和弦纹，间隔交替，共三组。外腹中部饰多道弦纹。岳州窑产品。

216. 青釉盆 T8154G5：1130

东晋

口径28.4、底径20、高7.6厘米

器身残。圆唇，侈口，平折沿，曲腹，平底。浅灰色胎，胎质较疏松。青釉，釉面较多杂质。内壁施满釉，外壁施釉至下腹部。内底刻圆。洪州窑产品。

217. 青釉洗 T6953H54：1

东吴中晚期至西晋

口径 34.8、底径 18、高 10.2 厘米

器身残。圆唇，宽折沿上翘，曲腹，上腹较竖直，下腹圆曲内收，平底略内凹。灰色胎，胎质较致密。青釉泛黄，釉面光润。外底中心不施釉，余皆施釉。折沿处饰水波纹和连珠纹，内壁下腹部两周弦纹之间饰一周水波纹，内底中心饰多重凹弦纹。外腹上部两组连珠纹内饰一圈网格纹饰带，其间贴饰铺首。越窑产品。

218. 青釉虎子 T7954G5∶518

东吴

口径 6、最大腹径 18、底径 12.4、通高 14.6 厘米

提梁残缺。器身呈罐状。大圆口，管状流上翘，罐状腹身，腹顶平坦，平底，顶上有提梁和双泥条系。灰褐色胎，胎质较致密。酱青釉，木光，施釉不匀，有剥釉、流釉现象。外壁施釉至腹中部。德清窑产品。

219. 青釉虎子 T7455H80：6

南朝

长 24.2、宽 12.4、通高 20.8 厘米

提梁修复。器身作卧虎状。口部作虎头、上仰状，大圆口，俯伏状四足，背部有绳索形提梁。虎头剔划出鼻子、眼睛，颈部刻划数道直线纹。灰白色胎，胎质较紧密。青釉，釉面莹亮，有密集开片，有积釉、流釉现象。外壁施釉至足端。

220. 青釉尊 T8147J15：7

东晋

口径 10.4、最大腹径 12.7、底径 8.6、通高 11.8 厘米

可复原。圆唇，大敞口，直颈，颈部置两个横向半环形系，溜肩，
扁鼓腹，平底。灰白色胎，胎质较致密。青釉泛黄，釉面光亮，
有密集开片。内壁施釉至颈部，外壁施釉至下腹部。外底有
四处支烧痕。口沿下、横系处、肩部及腹部均饰数道凹弦纹。

221. 青釉擂钵 T7956G5：160

东晋

口径 14.4、底径 9.4、高 7.6 厘米

可复原。圆唇，敛口，最大口径在口沿下部，腹径以下斜直急收，足沿外伸，平底。灰胎，胎质致密。青釉，釉面光润，有细碎开片。外壁施釉至腹中部，内壁无釉。内侧剔刻出数道白线。口沿处饰褐色点彩。洪州窑产品。

222. 青釉擂钵 T8154G5：1258

东晋

口径 12、底径 10.4、高 11.2 厘米

可复原。圆唇，直口，圆溜肩，腹部圆鼓，下斜收至底部，足沿外伸，平底。浅灰色胎，胎质致密。青釉泛黄，木光，釉面有杂质。外壁施釉至下腹部，内壁无釉。洪州窑产品。

223. 青釉纺轮 T7956G5：124

东晋

直径 3、高 1.3 厘米

稍残。圆饼形，中空，上下面齐平。浅灰胎，胎质疏松。青釉，釉多剥落。外侧饰以锥刺点组成的多条斜线纹。

224. 青釉纺轮 T8154G5：487

东晋

直径 3.8、高 1.3 厘米

稍残。圆饼形，中空，上下面齐平。浅灰胎，胎质疏松。青釉，釉多剥落。外侧饰以锥刺点组成的多条斜线纹。

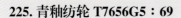

225. 青釉纺轮 T7656G5：69

东晋

直径 3.2、高 1.2 厘米

稍残。圆饼形，中空，上下面齐平。浅灰胎，胎质疏松。青釉，釉多剥落。外侧饰以锥刺点组成的多条斜线纹。

226. 青釉镇 T7956H142：3

南朝

底径 10.6、残高 8 厘米

可复原，顶部纽残。半球状，内部中空，平底。灰白胎，胎质致密。青釉泛黄，哑光，有密集开片。器身外底无釉。器身刻剔覆莲瓣纹。岳州窑产品。

227. 青釉帐座 T7252J30：12

南朝

莲瓣座底径 14、残高 6.8 厘米

器身及底座残。器身下承浮雕式覆莲纹器座，底部有环形台座，器身中空。灰白色胎，胎质致密。青釉，釉面莹亮，有大量开片。外壁施釉至足端。莲瓣上部、台座饰多组弦纹。岳州窑产品。

后　记

　　西街遗址由南京市考古研究院主持发掘，自 2017 年至今已六年多了。本书是发掘资料整理研究的阶段成果之一。

　　整理工作由西街遗址项目负责人陈大海负责，具体工作安排由陶瓷专业方向的苏舒负责。西街遗址的主要发掘者孙林如和复旦大学两位研究生程海娇和罗丹共同承担了最基础的工作，在一筐又一筐的碎片中挑选标本，修复后又为每一件标本做卡片。我院文物保护部负责修复工作，王军、张玥、史单飞、祝丽丽共修复了数百件青瓷。韩红娇、荆鑫鑫负责器物绘图。王俊彦协助器物拍摄工作。

　　本书由陈大海、苏舒负责执笔完成。淮安市文物保护和考古研究所段旭颖全程参与了图录编排、校对、绘图等工作，南京师范大学社会发展学院蔡雯妍、文军、南京大学历史学院兰茜、美国波士顿大学杨小萱等同学参与了器物的描述、校对等工作。

　　复旦大学郑建明教授在整理工作伊始，便对标本遴选、窑口辨认等工作提出很多指导意见。在参考窑址材料基础上，他建议对比其他地区遗址新出土发掘资料，如杭州李家塘遗址等，为遗物整理工作提供了新思路。北京大学考古文博学院刘未先生、上海博物馆陈洁女士和王建文先生、深圳市文化遗产保护中心吉笃学先生、浙江省文物考古研究所谢西营先生曾前来库房观摩出土标本，就瓷器年代、窑口归属等问题提出了一些建议。江西省文物考古研究院张文江先生、湖南省文物考古研究院杨宁波先生结合窑址产地材料，对西街六朝瓷器窑口辨认提出了许多意见。

　　北京大学秦大树教授对书稿仔细审阅，在器物命名、窑口甄别等方面提出大量宝贵意见，并于百忙之中为本书作序。

　　在此对以上诸位专家学者致以衷心感谢。

　　本书的出版离不开院领导的高度重视，在人力、物力、资金等资源紧张的情况下，为整理研究工作创造必要条件。

　　此外，感谢文物出版社和责编秦彧，在器物拍摄、内容编排、装帧设计等环节，责编亲力亲为，与编者保持长期交流沟通，并提出许多意见。摄影师张冰连续多天在项目现场拍摄文物，一丝不苟的工作态度令人钦佩。

　　最后，需说明一点，因整理对象数量庞大，编者能力有限，终有考虑不周之处，望广大读者包容谅解。